APPRENDRE L'ANGLAIS

EN 30 JOURS

3 livres en 1. Le Manuel Complet pour Apprendre l'Anglais rapidement à partir de la Base avec les Meilleures Méthodes Testées. Grammaire, Exercices Pratiques, Situations Réelles, Histoires et Vocabulaire.

© **Copyright 2023 - Tous droits réservés.**

Le contenu de ce livre ne peut être reproduit, dupliqué ou transmis sans l'autorisation écrite directe de l'auteur ou de l'éditeur.

Avis juridique:

Ce livre est protégé par le droit d'auteur. Ce livre est réservé à un usage personnel. Aucune partie ou contenu de ce livre ne peut être modifié, distribué, vendu, utilisé, cité ou paraphrasé sans le consentement de l'auteur ou de l'éditeur.

Avis de non-responsabilité:

Veuillez noter que les informations contenues dans ce livre sont uniquement destinées à des fins éducatives, informatives et de divertissement. Tous les efforts ont été faits pour présenter des informations exactes, à jour, fiables et complètes. Aucune garantie de quelque nature que ce soit n'est donnée ou sous-entendue. Les lecteurs reconnaissent que l'auteur ne s'engage pas à fournir des conseils professionnels.

Resumé

3 BONUS SPÉCIAL **6**

INTRODUCTION **8**

CHAPITRE 1. LES 7 MÉTHODES LES PLUS EFFICACES POUR APPRENDRE L'ANGLAIS RAPIDEMENT **10**

CHAPITRE 2. LES PRINCIPES DE BASE ET LES DIFFÉRENCES ENTRE L'ANGLAIS ET L'ITALIEN. **13**

CHAPITRE 3. LES PARTIES DU DISCOURS **15**

CHAPITRE 4. CONSTRUCTION DES PHRASES ET ORDRE CORRECT DES MOTS **16**

CHAPITRE. 5 GRAMMAIRE DE BASE **19**
- Le singulier et le pluriel des noms 19

VERBE ÊTRE **23**

ADJECTIFS QUALIFICATIFS **25**

PHRASES IDIOMATIQUES DANS LESQUELLES LE VERBE ÊTRE EST UTILISÉ .. **27**
- Question Words (Les Interrogatifs) 27

ADJECTIFS ET PRONOMS DÉMONSTRATIFS **29**

ADJECTIFS ET PRONOMS POSSESSIFS **33**

LE GÉNITIF SAXON **35**

ARTICLES INDÉTERMINÉE ET DÉTERMINANTS **36**
- Present Simple 38
- Present continuous 41
- Present perfect simple 42
- Present perfect continuous 44
- Past simple (du verbe être et non seulement) 45
- Past continuous 48
- Past perfect simple 49

ADJECTIFS COMPARATIFS **53**

FORMATION DES ADVERBES **56**
- The future 57

CONDITIONALS **64**
- -ing form and infinitive 66

THE PASSIVE 68

CHAPITRE 6. VOCABULAIRE, SITUATIONS RÉELLES ET VOCABULAIRE........... 72

CONVERSATION, FAMILLE ET RELATIONS.. 72

HEURES, DATES ET NOMBRES 76

VOYAGES.. 79

ÉTUDES, ÉCOLE ET UNIVERSITÉ 82

TRAVAIL & BUSINESS 83

DIVERTISSEMENT ET LOISIRS 87

SPORT 89

SANTÉ 91

CHAPITRE 7. 11 EXPRESSIONS IDIOMATIQUES EN ANGLAIS...................... 93

CONCLUSION 95

INTRODUCTION 97

CHAPITRE 1. 99

POURQUOI EST-IL IMPORTANT DE LIRE DES HISTOIRES POUR APPRENDRE UNE NOUVELLE LANGUE? 99

CHAPITRE. 2 101

TRUE FRIENDSHIPS 101

CHAPITRE. 3 105

THE DETECTIVE JAMES 105

CAP. 4 108

THE DRIVING TEST 108

CHAPITRE. 5 115

RIDE THE WAVE 115

CHAPITRE. 6 122

PIRATES IN SEARCH OF TREASURE.. 122

CHAPITER. 7... 127

A TWIST OF FATE	127
CHAPITRE. 8	133
MUSIC SAVED MY LIFE	133
CHAPITRE. 9 SOMETIMES INTUITION IS BETTER	139
CHAPITRE. 10	145
LITTLE LIES... BIG PROBLEMS!	145
CHAPITRE. 11	150
YOUR WORTH IS FOREVER (MOTIVATIONAL STORY)	150
CONCLUSION	152
NOTES	153

3 Bonus spécial

Pour vous aider à étudier la langue anglaise et pour un apprentissage plus rapide, nous avons décidé de vous offrir 3 bonus exclusifs qui, nous en sommes sûrs, vous seront très utiles + l'accès à notre communauté **Ways to Speak**

Voici ce que vous obtiendrez spécifiquement :
1) **Un ebook avec des méthodes d'apprentissage rapides**
2) **Un plan d'étude de 30 jours**
3) **+100 Flashcards** + accès à la **communauté WtS**

> Scannez le QR Code pour télécharger gratuitement les 3 bonus exclusifs <

APPRENDRE L'ANGLAIS

Le cours complet pour apprendre l'anglais efficacement à partir de la base.
Grammaire, exercices, vocabulaire, exemples de situations réelles et vocabulaire.

Peter J. Locke

Introduction

"Apprenez une nouvelle langue et vous aurez une nouvelle âme".
(proverbe tchèque)

L'objectif de ce manuel est de vous aider à maîtriser l'anglais comme un véritable locuteur natif en peu de temps grâce à un parcours guidé simple comprenant une phase d'apprentissage théorique et une phase de pratique suivant la méthode d'immersion.

Contrairement à tous les autres livres, ce volume ne se concentre pas uniquement sur une grammaire et des exercices bien conçus, mais vous trouverez également des exemples de situations de la vie réelle, des phrases dialoguées, des structures linguistiques liées aux relations, aux voyages, à l'éducation, au travail, aux affaires, aux loisirs, aux sports et à la santé, utilisées dans la vie de tous les jours.

Ce livre convient aussi bien à ceux qui commencent à étudier la langue à partir de zéro, qu'à ceux qui souhaitent améliorer leur connaissance de la langue en disposant d'un manuel complet pour passer en revue les principaux concepts, ainsi qu'à ceux qui souhaitent avoir de nouvelles opportunités d'emploi sur le web, ou des opportunités professionnelles en général, ou à ceux qui doivent passer des tests scolaires ou des examens universitaires ou qui souhaitent voyager, apprendre à connaître de nouvelles cultures et de nouveaux pays dans le monde entier.

En bref, ce manuel s'adresse à tout le monde, car aujourd'hui, l'anglais peut s'avérer utile dans la vie de chacun.

Combien de fois avez-vous eu des difficultés à demander des informations dans un autre pays ? Ou combien de fois avez-vous lu sur le web des mots anglais dont vous ne connaissiez pas la signification? Ou avez-vous déjà écouté une belle chanson en anglais sans en comprendre le sens ?

C'est précisément la raison pour laquelle j'ai écrit ce livre, dont le but ultime est de vous apprendre à tenir des conversations normales avec des locuteurs natifs tout en vous exprimant correctement. Apprendre une nouvelle langue peut être effrayant au début, mais avec les bonnes informations, les méthodes les plus efficaces et une pratique constante, vous serez en mesure de l'apprendre bien plus tôt que vous ne le pensez.

Au cours de mes cours et leçons, j'ai rencontré de nombreux étudiants dans la même situation que vous, alors ne vous inquiétez pas, avec de l'engagement et du dévouement, vous pouvez vous aussi apprendre l'anglais.

En outre, la connaissance d'une nouvelle langue peut être une excellente occasion d'occuper le poste dont vous avez toujours rêvé, de rencontrer de nouvelles personnes, de voir des films et de lire des livres dans la langue d'origine ou d'assister à des événements dans d'autres pays.

En bref, la connaissance d'une nouvelle langue vous ouvrirait les portes d'un monde nouveau et inexploré.

Avez-vous déjà pensé à la façon dont votre vie changerait si vous la connaissiez de l'intérieur ?

Mais avant de commencer, j'aimerais vous révéler le premier secret de l'apprentissage d'une langue étrangère...

Les gens pensent généralement que pour apprendre une nouvelle langue, il suffit d'aller vivre dans un autre pays.

En réalité, pour apprendre une nouvelle langue, il faut évidemment connaître au moins les bases de la grammaire, mais il faut surtout faire un effort de communication (l'effort de communication consiste à mettre en pratique ses propres compétences pour créer une communication avec quelqu'un d'autre).

Ainsi, si l'on ne fait pas l'effort de communiquer, on ne pourra guère apprendre la langue.

C'est précisément l'une des raisons pour lesquelles, par exemple, on n'apprend pas bien l'anglais à l'école, parce que la communication n'est pas créée et que le message est passif.

En effet, dans ce manuel, après chaque leçon de grammaire, vous trouverez une série d'exercices pour commencer à pratiquer tout de suite et des exemples de situations réelles.

L'anglais d'aujourd'hui est un véritable outil de communication qui peut être utile à tout le monde, alors êtes-vous prêt pour une "full immersion"? *Let's start!*

CHAPITRE 1. Les 7 méthodes les plus efficaces pour apprendre l'anglais rapidement

Avant de nous plonger dans l'étude proprement dite de l'anglais, je souhaite vous donner quelques conseils qui peuvent faciliter votre apprentissage de la nouvelle langue.
Voici, à mon avis, les points décisifs pour un apprentissage rapide:

1) **Avoir une motivation :** Pour étudier une nouvelle langue, vous devez avoir une motivation valable. Posez-vous la question : quelle est la raison pour laquelle je commence à étudier l'anglais ?

Que ce soit pour le travail, pour voyager, pour s'installer dans un autre pays ou pour un apprentissage personnel, il doit s'agir d'une motivation valable afin qu'il ne s'agisse pas d'un simple intérêt temporaire.

S'il n'y a pas de besoin réel, il est très probable que vous abandonnerez à la première difficulté.

2) **Étudier les règles de grammaire :** Deuxièmement, il faut apprendre les règles de base comme nous le verrons dans ce manuel, précisément parce qu'il s'agit d'un sujet nouveau et que l'on ne peut pas se fier à ses intuitions.

Au début, il peut y avoir des difficultés parce qu'il y aura des différences avec votre langue maternelle, mais certaines règles doivent être apprises et retenues par cœur.

3) **Écouter et répéter :** apprendre une langue, c'est avant tout être capable de communiquer. Il faut donc pratiquer ce que l'on apprend, à la fois en écoutant mais aussi en répétant autant que possible pour améliorer la prononciation.

4) **Conversation :** La conversation est l'une des parties les plus fondamentales de l'apprentissage d'une langue étrangère, car elle est plus dynamique.

Même si vous ne la maîtrisez pas au départ, vous ne devez pas avoir peur de faire des erreurs ou des fautes de grammaire.

Pour réaliser les exercices de conversation de ce livre, vous pouvez essayer de trouver quelqu'un avec qui converser.

Vous pouvez aussi faire une conversation avec un locuteur natif sur Fiverr ou essayer de vous répéter.

Il est tout à fait normal d'avoir honte, mais mieux vaut essayer de parler et faire des erreurs que de ne pas essayer.

5) Connaître l'alphabet: en ce qui concerne l'alphabet, certains sons et lettres sont différents en anglais, mais pas tellement différents de l'alphabet italien.

Les lettres qui ont des sons différents sont par exemple le H, le W, le Y, le J, le K, le R et les voyelles.

En anglais, les voyelles ont un son différent selon la façon dont elles sont écrites, par exemple:

A se prononce EI
E se prononce I
I se prononce AI

Pour apprendre rapidement les lettres de l'alphabet et leur prononciation, vous pouvez vous entraîner à épeler, en commençant par votre prénom et votre nom, puis en passant à d'autres mots.

6) Connaître les bases: Dans ce livre, nous aborderons des sujets tels que la grammaire de base, des exemples de conversations réelles, les dates et heures, les verbes, puis des sujets plus avancés.

Il est évident que nous ne les étudierons pas tous en même temps.

Nous commencerons par un sujet à la fois, en ajoutant progressivement de nouveaux sujets, et mon conseil est de toujours revoir ceux qui ont été couverts précédemment.

On a toujours besoin des bases, que ce soit dans le monde des affaires ou dans la communication en général.

Je vous conseille de commencer par les bases grammaticales les plus simples, puis de vous entraîner à appliquer ce que vous avez appris et à converser.

7) Regarder des films et des séries télévisées en anglais: enfin, une technique qui, en plus de l'étude théorique, aide souvent à apprendre l'anglais consiste, par exemple, à regarder des films italiens avec des sous-titres en anglais, ou des films avec une version originale en anglais et des sous-titres en italien, ou encore des films avec une version originale en anglais et des sous-titres en anglais.

Dans ce premier chapitre, j'ai voulu suggérer quelques méthodes efficaces qui pourraient vous être utiles dans l'étude de ce livre.

Dans le chapitre suivant, nous nous concentrerons sur les principes de base à garder à l'esprit et sur les différences par rapport à l'italien.

CHAPITRE 2. Les principes de base et les différences entre l'anglais et l'italien.

La langue anglaise, comparée à toutes les autres langues des pays occidentaux, peut être qualifiée de langue "concrète", car contrairement à l'italien, à l'allemand ou au français, elle manque d'abstraction.

Par exemple, pour dire "somebody" ou "nobody", qui sont des figures abstraites, les Anglais disent "somebody", "anybody" parce qu'ils doivent se référer au corps, à quelque chose de concret.

D'une certaine manière, l'anglais va droit au but, est plus concis, n'utilise pas trop de tournures de phrases et se caractérise par l'utilisation de phrases courtes.

En ce qui concerne la phonétique, contrairement à l'italien où les termes sont prononcés exactement comme ils sont écrits, les mots anglais sont prononcés d'une manière complètement différente.

Une autre différence importante par rapport à d'autres langues est la notion de temps.

Les temps parfaits de l'anglais se réfèrent à des actions réalisées dans le passé à un moment indéfini mais qui continuent à avoir un effet sur le présent.

La structure des phrases anglaises est également différente de celle de l'italien car les parties du discours en italien sont plus flexibles, alors qu'en anglais elles respectent des règles précises.

S'il s'agit d'une question, d'une affirmation ou d'une négation en anglais, une position précise du sujet, du verbe et du complément doit être respectée.

Voici quelques règles de base de l'anglais à garder à l'esprit:

LE SUJET: en anglais est fondamental pour comprendre qui est celui qui effectue l'action.

En italien, les verbes indiquent le sujet en le sous-entendant.

Si nous prenons l'exemple du verbe giochiamo (jouer), en italien, si nous disons "giochiamo a tennis", ceux qui entendent cette phrase savent déjà que le sujet est "nous" parce qu'il y a le verbe mangiamo.

En anglais, par contre, nous sommes obligés de préciser le sujet, donc pour dire "giochiamo a tennis" nous devrions utiliser "we play tennis" avec le sujet (we) indiquant (nous).

LA SYNTHASIE: En anglais, un certain ordre syntaxique doit être maintenu dans la phrase.

Comme mentionné ci-dessus, l'anglais est une langue plus rigide et il faut suivre un ordre très spécifique en adhérant à des règles plus strictes.

"FAUX AMIS": L'anglais est une langue pleine de "faux amis", des mots qui ressemblent à l'italien mais qui n'y correspondent pas vraiment.

Il est souvent possible de se méprendre sur leur signification, il est donc important de ne pas s'y perdre.

VERBES MODAUX: les verbes modaux sont des verbes qui indiquent un mode, par exemple pouvoir, vouloir et devoir. En anglais, les verbes modaux sont différents de ceux utilisés en italien.

ADJECTIFS: les adjectifs ont presque toujours une place définie et presque toujours devant le nom auquel ils se réfèrent (bien qu'il y ait des exceptions).

Les adjectifs n'ont ni genre ni nombre, en anglais c'est plus simple, voyons quelques exemples:

Les adjectifs BEAU - BELLA - BELLE se disent → BEUTIFUL

Les adjectif LAID se disent → UGLY

Les seuls adjectifs qui ont une forme différente selon le singulier et le pluriel sont les démonstratifs: **THIS** (ce) **THESE** (ces) **THAT** (ce) **THOSE** (ces).

CHAPITRE 3. Les parties du discours

Les parties du discours sont tous les mots qui permettent de construire des phrases complètes. En anglais comme en italien, il y a un total de 9 parties du discours, mais en anglais elles ne sont pas divisées en parties variables et invariables, elles sont donc simplement analysées pour ce qu'elles sont, regardons-les :

Le nom: Les noms désignent des choses, des objets, des êtres vivants (dog, book, home, mom, dad).

Article : L'article introduit le nom et peut être déterminatif (le) ou indéterminatif (a - an).

Verbe : Le verbe indique l'action qui est accomplie par le sujet (jouer, manger).

Adjectif : L'adjectif est utilisé pour décrire le nom (grand, rouge, beau, heureux, bon, curieux, amical).

Pronom : Le pronom remplace généralement un nom (je, tu, il, elle, il, nous, ils).

Conjonction : La conjonction est utilisée pour joindre deux mots ou deux phrases (et).

Préposition : La préposition introduit un complément (de, à, dans, avec, sur, pour, entre).

Adverbe : L'adverbe sert à préciser un verbe (maintenant, après, devant, derrière, beaucoup, justement).

Interjection : L'interjection sert à s'exclamer (Oh ! Hey ! Ah ! Ouch !).

CHAPITRE 4. Construction des phrases et ordre correct des mots

Maintenant que nous connaissons les éléments qui composent les phrases, voyons comment les phrases sont formées et quel est l'ordre correct des mots.

Parfois, les locuteurs natifs peuvent construire les phrases de différentes manières pour les rendre plus fluides, mais je vous recommande de suivre d'abord la règle que je fournis dans ce manuel car, si vous devez passer un examen, un test universitaire, un travail écrit, c'est la seule règle qui vous permette d'éviter les erreurs grammaticales.

1) La phrase la plus simple se compose d'un **sujet** et d'un **verbe** :

    Les garçons jouent ;

    Le lion rugit ;

    Marc mange ;

2) Le deuxième type de phrase se compose du **sujet** + **verbe** + **complément d'objet**, mais certains verbes ne peuvent pas être suivis d'un complément d'objet.

    Ils veulent un café ;

    Il a ouvert la porte ;

    William mange le gâteau ;

    Si, toutefois, le complément d'objet est accompagné d'un adjectif, cet adjectif devra toujours précéder ce complément d'objet et se trouvera donc entre le verbe et le complément d'objet, comme par exemple :

    Ils veulent un café sucré.

    Dans la construction standard d'une phrase, d'autres compléments qui donnent plus d'informations sur l'action sont placés après le complément d'objet et la règle dite **SVOMPT** est suivie :

    S - Sujet ;

    V - Verbe (Verbe) ;

O - Objet (complément d'objet) ;
M - Manière (complément de manière) ;
P - Lieu (complément de lieu) ;
T - Temps (complément de temps) ;

Tous les éléments grammaticaux doivent suivre cet ordre spécifique dans la phrase, et les adverbes de manière précèdent toujours le complément de lieu, l'ordre est généralement le suivant:

The boy (S) runs (V) fast (M) in the park (P);

Toutefois, si le complément de lieu est précédé d'une préposition, on peut décider de placer l'adverbe de manière avant la préposition ou à la fin de la phrase:

*The boy (S) runs (V) **fast (M)** towards (préposition) his brother (P)*
(Le garçon court rapidement vers son frère)
Ou
*The boy (S) runs (V) towards (préposition) his brother (P) **fast (M)***
(Le garçon court vite vers son frère)

Les deux formes sont correctes, et l'adverbe de manière se trouve dans une phrase où il y a deux verbes.
En revanche, pour le complément de temps, il est préférable de le placer en fin de phrase, mais on le place parfois au début lorsqu'on veut mettre l'accent sur le moment où l'action s'est déroulée.

I (S) met (V) Mark (O) yesterday (T) → (I met Mark yesterday)
or
Yesterday (T) I (S) met (V) Mark (O) → (I met Mark yesterday)

It should also be remembered that when there is no object complement in some cases indirect complements may be present.

I (S) slept (V) well (M) in that hotel (P) three weeks ago (T)
(I slept well in that hotel three weeks ago).

Finally, when we have movement verbs such as go, the place complement immediately follows the verb:

I went to the cinema with my girlfriend
(I went to the cinema with my girlfriend);
and not instead:
I went with my girlfriend to the cinema
(I went with my girlfriend to the movies);

EXERCICES

Inscrivez chaque élément de la phrase dans la colonne appropriée.

1) Carlos is running.
2) He is working the wood in the garden.
3) The athlete won the gold medal at the Olympics last year.
4) We have three workouts a week.

Sujet	Verbe	Compl. objet	Compl. mode	Compl. lieu	Compl. temps
1)					
2)					
3)					
4)					

Entourez les mots mal placés et indiquez leur position correcte :

1) Every weekend we go with our friends to the disco
2) They play all day tennis
3) Mark also speaks very well French

CHAPITRE. 5 Grammaire de base

Le singulier et le pluriel des noms

Comme indiqué précédemment, les noms (c'est-à-dire les substantifs) désignent des choses, des lieux ou des personnes.

En anglais, il est très important de savoir si l'article est déterminatif (the) ou indéterminatif (a) et le pluriel des noms est formé en ajoutant le s à la fin du mot.

Ex: dog → ***dogs***   food → ***foods***   palm → ***palms***   color → ***colors***

En revanche, pour certains noms se terminant par -s, -ss, -ch, -sh, -o, -x, -z, il est nécessaire d'ajouter -es

Ex: Glass → ***Glasses***   Tomato → ***Tomatoes***   Box → ***Boxes***

Les noms se terminant par la voyelle o font l'objet d'une exception selon que le o est précédé d'une consonne ou d'une voyelle.

Ex: kilo → **kilos**   studio → **studios**

Pour les noms se terminant par -y précédé d'une consonne, on utilise **-ies.**

Ex: academy → **academies**   company → **companies**

Pour former le pluriel des noms se terminant par -fl -fe, on utilise **-ves**

Ex: knife → **knives**   thief → **thieves**

Cependant, certains noms ont un pluriel irrégulier.

Ex: foot → **feet**   man → **men**

EXERCICES

1) Quel est le pluriel des noms suivants ? Complétez en écrivant le pluriel correct

Ball .... Kick .... Radio .... Girl ....

Monkey .... City .... Family .... Ghetto ....

Box .... Sandwich .... Brush .... Cargo ....

Way .... Photo .... Cliff .... Scarf ....

Life .... Leaf .... Cherry .... Tornado ....

Les pronoms personnels sujet et complément

Les pronoms personnels sont utilisés pour remplacer les noms, lorsque les pronoms personnels sujets sont utilisés pour indiquer la personne qui effectue l'action.
Quant aux pronoms personnels compléments, ils sont utilisés pour indiquer celui qui subit l'action.

Prenons un exemple:
Sujet   Complément
She is calling her son

Elle appelle son fils

PRONOMS PERSONNELS SUJETS   PRONOMS PERSONNELS COMPLÉMENTS

I	Je	me	Me/m'
you	Tu	**you**	Te/t'
he	Il	**him**	Le
she	Elle	**her**	La
it	On	**it**	Le/La
we	Nous	**us**	Nous
you	Vous	**you**	Vous
they	Ils, Elles	**them**	Les

En anglais, contrairement à l'italien, tous les noms d'objets inanimés, d'animaux et de plantes au singulier utilisent le pronom it au pluriel, en revanche, ils sont considérés comme neutres.

Ex: ***It's a thunderstorm*** → Il est un orage

En anglais, qui est une langue concrète, les pronoms personnels sujets, qui sont parfois omis et sous-entendus en italien, sont toujours exprimés.
Exemples: Mark est religieux. Il va souvent à l'église. → Mark est religieux. Il va souvent à l'église.

Les pronoms personnels compléments peuvent être de deux types.
Les pronoms personnels compléments sont directs ou indirects.

DIRECT
*Look at the ropes! Go attack **them**!*
Attention aux cordes ! Attaquez-les !

INDIRECT
*Call **him** as soon as you have some free time.*
Appelez-le dès que vous avez du temps libre.

EXERCICES

1) Identifiez le sujet des verbes soulignés en italien et écrivez le pronom en anglais.

- Où étais-tu, j'étais là à t'attendre.
  _____

- Êtes-vous sur un bateau aujourd'hui ?
  _____

- Nous sommes des citoyens du monde.
  _____

- Êtes-vous silencieux ?
  _____

- Avez-vous réservé votre voyage à Berlin ?
  _____

Verbe être

En anglais comme en italien, le verbe to be a un rôle fondamental car, en plus d'être utilisé avec son sens autonome, il sert également d'auxiliaire, est utilisé pour construire des formes verbales composées et des structures grammaticales spécifiques.

Pour apprendre à parler couramment l'anglais, il faut nécessairement connaître parfaitement le verbe be (être).

Le verbe to be est utilisé pour désigner des objets, demander d'où ils viennent, décrire des personnes, des concepts, des lieux ou des sentiments.

Voici la conjugaison du verbe être dans ses formes:

Affirmative	Contractée	Interrogative	Négative	Contractée	Inter. Nég. Contractée
I am	I 'm	Am I...?	I am not	I 'm	Aren't
You are	You 're	Are you...?	You are not	You aren't	Aren't
He is	He 's	Is he...?	He is not	He isn't	Isn't
She is	She 's	Is she...?	She is not	She isn't	Isn't
It is	It 's	Is it...?	It is not	It isn't	Isn't
We are	We 're	Are we...?	We are not	We aren't	Aren't
You are	You 're	Are you...?	You are not	You aren't	Aren't
They are	They 're	Are they...?	They are not	They aren't	Aren't

Dans la langue parlée et écrite informelle, la forme contractée est principalement utilisée (la forme contractée est donc formée avec le verbe + la particule exprimant la négation).

Mais is peut également être contracté après des interrogatives. Exemples : Où est Jean ?

Passons maintenant à la forme interrogative. Pour construire une question, il faut inverser le sujet avec le verbe, donc Am I … ? Êtes-vous … ? et ainsi de suite …

EXERCICES

1) Complétez les phrases en insérant le verbe être correctement conjugué dans les espaces en pointillés.

Where .... you from?
I .... from Bristol in England.
Chloe .... a beautiful girl.
She .... american, comes from Miami.
Where .... Camilla?
She .... a very studious girl.

Adjectifs qualificatifs

Les adjectifs sont également des éléments très importants du discours. Ils sont utilisés pour attribuer une qualité ou une quantité à la personne ou à l'objet dont on parle.

*Your home is **beautiful*** → Votre maison est magnifique
*This work is **hard*** → Ce travail est difficile
*Mark is **tall*** → Mark est grand

En anglais, les adjectifs sont toujours invariables en nombre et en genre, contrairement à l'italien.

Camilla is **happy** to travel with her **new** camper

En anglais, il faut se rappeler que les adjectifs sont toujours insérés avant le nom, contrairement à l'italien où ils se trouvent généralement après le nom.
My red car is in the big garage → Ma voiture rouge est dans le grand garage

Si nous avons plusieurs adjectifs dans une phrase, nous ne les séparons pas par la virgule comme en italien, mais nous utilisons et et la virgule uniquement lorsque nous parlons de couleurs.

*In that event there are **green, yellow, red, black and gray** racing bikes* → Dans cet événement, il y a des vélos de course verts, jaunes, rouges, noirs et gris.
Il existe cependant une exception : lorsque l'adjectif fait partie du prédicat nominal, il doit être placé après le verbe dans les phrases affirmatives et négatives.
For interrogative sentences, on the other hand, the order is: **to be** + Sujet + **adjectif.**

*Oliver is **fast**.* → Oliver est rapide
*Jordan isn't **happy**.* → Jordan n'est pas content
*Is David **friendly**?* → David est sympathique

EXERCICES

1) Ordonner les mots correctement :

- *Le bateau est-il grand?* big/the/is/boat/? _____

- *L'avion est-il retardé ?* The/late/ is/plane/? _____

- *Thomas est heureux.* happy/is/Thomas _____

- *Êtes-vous satisfait de la façon dont le jeu s'est terminé ?*
  satisfied/are/you/with/ended/the/game/how? _____

- *Ce n'est pas nouveau pour vous.*
  new/this/ isn't/new/you/to _____

- *Vous êtes une fille belle et séduisante.*
  girl/beautiful/you/a/and/are/attractive _____

- *Jason est un bon musicien.*
  a/good/Jason/is/musician _____

Phrases idiomatiques dans lesquelles le verbe être est utilisé

Dans certaines expressions idiomatiques, le verbe essere (être) est utilisé, bien qu'en italien il soit traduit par d'autres verbes.

Parmi les principaux, citons

to be hot → être chaud

to be wrong → se tromper

to be late → être en retard

to be right → avoir raison

to be sleepy → avoir sommeil

to be afraid → avoir peur

D'autres expressions idiomatiques courantes sont souvent utilisées lorsque l'on parle à quelqu'un, mais aussi lorsque l'on demande, par exemple : How are you ? → How are you ? ou how old are you ? → Quel âge avez-vous ? ou Combien coûte ce livre ? → Combien coûte ce livre ?

Question Words (Les Interrogatifs)

Pour poser des questions en anglais, il existe des mots spécifiques que vous devez connaître, ces mots pour introduire les questions sont appelés **"Question Words"**.

Ces mots doivent toujours être placés en début de phrase et, contrairement aux mots italiens correspondants, ils ne s'accordent pas en genre et en nombre.

Les questions sont les suivantes: **What, Who, Which, Where, When, Why, Whose, How, How much, How many.**

Examinons plus particulièrement le question words:

What → Quoi (Ex. What's your name? → Quel est votre nom ?)

Who → Qui (Ex. Who are you? → Qui êtes-vous ?)

Qui signifie également qui, mais est utilisé pour un choix limité d'options, tandis que Quoi est utilisé en référence à un nombre illimité d'options.

(Ex. Which of these colours do you prefer? → Laquelle de ces couleurs préférez-vous ?)

(Ex. What colour do you prefer? → Quelles sont les couleurs que vous préférez ?)

Where → Où (Ex. Where do you live? → Où habitez-vous ?)

When → Quand (Ex. When is the party? → Quand a lieu la fête ?)

Why → Pourquoi (Ex. Why are you crying? → Pourquoi pleures-tu ?)

Il convient de rappeler que les questions commençant par "**Why**" reçoivent une réponse "Pourquoi".

(Ex. Why are you crying? Because I'm sad. → Pourquoi pleures-tu ? Parce que je suis triste).

Whose → De qui (Ex. Whose scooter is this? → À qui appartient ce scooter ?)

Nous complétons maintenant les interrogatifs avec How, How much e How many.

How → Comment (Ex. How do you prepare this cake? → Comment cuire ce gâteau ?)

How much/many → signifient tous deux combien, mais how much est utilisé pour les noms qui ne peuvent pas être comptés **(uncountables)** (Ex. *How much salt do you want in the pasta?* → Quelle quantité de sel voulez-vous dans vos pâtes ?) **how many** est utilisé pour les noms dénombrables **(countables)** (Ex. *How many players are missing today?* → Combien de joueurs manquent à l'appel aujourd'hui ?)

EXERCICES

1) Répondez aux questions suivantes en utilisant les mots corrects :

- _____ was the wedding like? Fantastic and elegant.
- _____ is the president of Russia? He is Putin.
- _____ scarf is it? It's mine.
- _____ colour are your eyes? They are blue.
- _____ is your sister? She is with her friend.

Adjectifs et pronoms démonstratifs

Dans cette section, nous verrons quels adjectifs et pronoms démonstratifs (This, That, Those) sont utilisés indifféremment en anglais au masculin et au féminin.

This → Ce/ces

These → Ces (pluriel)

That → Ce/cette

Those → Ceux-ci/ceux-là (pluriel)

Il s'agit de certains des mots les plus récurrents que nous utilisons à l'oral ou à l'écrit.

This e **These** sont utilisés pour indiquer des personnes, des animaux, des objets proches du locuteur mais aussi pour indiquer une proximité temporelle ou un concept abstrait.

ADJECTIF

This is my first sports car → C'est ma première voiture de sport

I bought these objects on the internet → J'ai acheté ces articles sur Internet

Comme vous pouvez le constater, le sujet est proche du locuteur. De plus, dans ces cas, this et these précèdent toujours le nom dans la phrase et remplissent donc dans ces cas la fonction d'adjectifs démonstratifs.

En revanche, lorsqu'ils sont utilisés seuls dans la phrase, ils remplissent la fonction de pronoms démonstratifs.

PRONOME

What is this? → Qu'est-ce que c'est ? *These are my favourite colours* → Ce sont mes couleurs préférées. Dans ce cas, ils ne sont pas suivis d'un nom et sont donc des pronoms.

En revanche, **That** et **Those** sont utilisés pour désigner des personnes, des animaux, des objets, éloignés du locuteur, mais aussi pour indiquer tout concept abstrait ou toute distance temporelle. Ex:

I ate that hamburger, it's very good → J'ai mangé ce burger, il est très bon.

I will never forget those feelings → Je n'oublierai jamais ces sentiments.

Ici, that et those sont suivis d'un nom et remplissent donc la fonction d'adjectif démonstratif, mais ils peuvent également être utilisés comme pronoms.

Ex. *What is **that**?* → Qu'est-ce que c'est ?

Those were your ideas, not mine → Ce sont vos idées, pas les miennes.

Dans ces deux phrases d'exemple, that et those ne sont pas suivis de noms et remplissent donc la fonction de pronoms démonstratifs.

EXERCICES

1) Complétez correctement les éléments suivants

- Are _____ animals real?

- Is _____ urgent visit?

- _____ athlete is really fast!

- _____ agreements aren't convenient for us.

- You forgot to do _____ homework.

- Do you like _____ cake?

- _____ boarding passes aren't valid.

Le verbe avoir (lors de l'utilisation de have et have got)

Les formes to **have** et **have got** sont très similaires mais suivent des règles différentes, et le risque de les confondre est très élevé.

Dans cette section, nous allons donc voir comment et quand elles sont utilisées correctement.

Les deux formes expriment le concept d'avoir ou de posséder, voyons quelques exemples:

I have a car → J'ai une voiture

I have got a car → J'ai une voiture

→ Les deux sont identiques

Voyons maintenant les différences **(To have vs Have got):**

Have contrairement **à have got** est utilisé pour parler de certaines actions, donc:
I have a snack → Prendre une collation - NO → *I have got a snack*

Have peut être utilisé à tous les temps de verbe, au passé, au présent et au futur, tandis que **have got** n'existe qu'au présent.

Ainsi, par exemple, nous ne trouverons jamais ***He had got a car*** (sans got)

Ensuite, pour former la forme interrogative et négative, le verbe to have a besoin de l'auxiliaire tandis que to have got n'a pas besoin de l'auxiliaire pour construire la forme négative et interrogative.

You have a car devient → *You don't have a car* (négative)
You have got a car devient → *You haven't got a car* (négative)
You have a car devient → *Do you have a car?* interrogatif
You have got a car devient → *Have you got a car?* Interrogatif

La conjugaison de to have

Affirmatif	Négatif	Interrogative
I have	I do not have/I don't have	Do I have…?
You have	You do not have/ You don't have	Do you have…?
He has	He does not have/He doesn't have	Does he have…?
She has	She does not have/She doesn't have	Does she have…?
It has	It does not have/It doesn't have	Does it have…?
We have	We do not have/We don't have	Do we have…?
You have	You do not have/You don't have	Do you have…?
They have	They do not have/ They don't have	Do they have…?

La conjugaison de have got

Affirmatif	Négatif	Interrogative
I have got/I've got	I have not got/I haven't got	Have I got?
You have got/You've got	You have not got/You haven't got	Have you got?
He has got/He's got	He has not got/He hasn't got	Have he got?
She has got/She's got	She has not got/She hasn't got	Has she got?
It has got/It's got	It has not got/It hasn't got	Has it got?
We have got/We've got	We have not got/We haven't got	Have we got?
You have got/You've got	You have not got/You haven't got	Have you got?
They have got/They've got	They have not got/They haven't got	Have they got?

EXERCICES

Remettez en ordre les questions et répondez avec la réponse courte.

- You/have got/a sister? _____. Yes, I have

- Your dad/have got/a red car? _____. _____

- Your brother/have got/a computer? _____. _____

- You/have got/a guitar? _____. _____

Adjectifs et pronoms possessifs

Dans ce paragraphe, nous abordons un autre sujet très important de la grammaire anglaise de base, les adjectifs et les pronoms suivent des règles différentes de celles de l'italien et il est essentiel de les connaître.

En anglais également, les **adjectifs possessifs** indiquent la possession et sont toujours suivis d'un nom.

My – Mon, Ma, Mes
Your – Ton, Ta, Tes
His – Son, Sa, Ses
Her – Son, Sa, Ses
Its – Son, Sa, Ses
Our – Notre, Notre, Nos
Your – Votre, Votre, Vos
Their – Leur, Leur, Leurs

Attenzione! A differenza dell'italiano gli aggettivi possessivi in inglese non vogliono mai l'articolo e mantengono la stessa forma al maschile, femminile, singolare e plurale.

I **pronomi possessivi** sostituiscono il nome e indicano a chi esso appartiene e non sono mai seguiti dal sostantivo.

Mine – Le mien, La mienne, Les miens, Les miennes
Yours – Le tien, La tienne, Les tiens, Les tiennes
His – Le sien, La sienne, Les siens, Les siennes
Hers – Le sien, La sienne, Les siens, Les siennes
Ours – Le nôtre, La nôtre, Les nôtres
Yours – Le vôtre, La vôtre, Les vôtres
Theirs – Le leur, La leur, Les leurs

Les pronoms possessifs ne nécessitent pas non plus d'article et sont invariables en genre et en nombre. Ils conservent donc la même forme au masculin, au féminin, au singulier et au pluriel.

Ex:

Whose book is this? → De quel livre s'agit-il?- It's **mine** → est le mien

Whose books are these? → À qui appartiennent ces livres → They are **mine** → sont les miens

Dans les deux phrases, le pronom possessif est toujours mine, quel que soit le genre ou le nombre du nom.

EXERCICES

Complétez les phrases en insérant correctement les adjectifs et les pronoms possessifs.

- _____ motorbike is new, _____ is old.

- _____ name's Jack Martinez.

- This is not _____ room, but _____.

- _____ car is black, what color is _____?

- Mark gave Oliver _____ his t-shirt.

Le génitif saxon

Le génitif saxon en anglais est utilisé pour indiquer une relation de possession (par exemple, lorsque quelque chose appartient à quelqu'un).

Sa construction est très importante et ne doit pas être confondue avec l'italien, car le nom du possesseur précède la personne ou la chose possédée.

On met donc le nom du possesseur en premier et on ajoute ensuite :

- au possesseur le "s" pour le singulier, lorsque le possesseur est un nom propre de personne (Ex. *Taylor's dog*)
- lorsque le possesseur est un nom de personne commun et que l'article (the) est placé devant le nom. (Ex. *The boy's motorbike*)
- seulement s'il est pluriel et se termine par un s (Ex. *The Williams' house*)
- s'il s'agit d'un pluriel irrégulier (Ex. *The woman's toilet*)

Le génitif saxon est également utilisé pour indiquer la parenté.
Ex. *Camila is Ryan's daughter* → Camila è la figlia di Ryan

Il faut se rappeler que si la relation est entre des objets, on n'utilise pas le génitif saxon mais la préposition **of**.
Ex. *The peel **of** the peach* → La peau de pêche

EXERCICES

1) Insérer les mots correctement dans les espaces

- What's _____ (John/city).
- Have you got _____ (the address/the club)?
- Where's _____ (Mark/car)?
- _____ (Jason/shirts) are here.

Articles indéterminée et déterminants

Déterminants

Les noms sont divisés en deux types de catégories:

Numérables : ils peuvent être singuliers ou pluriels.

Non dénombrables : ce sont ceux qui ne peuvent pas être dénombrés.

En anglais, nous n'avons qu'un article déterminatif the (qui correspond en italien à il, lo, la, i, gli, le) qui est utilisé devant les noms dénombrables et indénombrables et qui reste inchangé, c'est-à-dire qu'il ne change pas en fonction du genre (masculin ou féminin) ou du nombre (singulier ou pluriel).

Es. *The garden* → Le jardin – *The gardens* → Les jardins

L'article déterminant est utilisé pour préciser l'identité d'un objet ou d'une personne. En fait, il est utilisé pour parler de choses ou de personnes spécifiques.

Mais il faut faire attention à la prononciation de *the*:

Si le mot suivant commence par une consonne, il se prononce **dhe**

En revanche, si le mot commence par une voyelle, il se prononce **dhi**

Indéterminée

Les articles indéterminés en anglais sont a et an que l'on traduit en italien par un, uno, una et restent inchangés quel que soit le genre du nom qui les accompagne.

Ils sont également utilisés devant les noms singuliers pour indiquer un/un parmi beaucoup/plusieurs:

Ex. that's **an** orange in the garden → C'est une orange dans le jardin

A si usa davanti a parole che iniziano con: **une consonne, [ju] o h aspirée.**

Ex. *A motorbike* (consonne) – *a university student* (ju) - *a holiday* (h aspirée).

An est utilisé devant les mots commençant par: une voyelle ou un h muet.

Ex. *An umbrella* (voyelle) - *an heir* (h muette)

EXERCICES

1) Saisir correctement a ou an

- _____ life
- _____ children
- _____ hour
- _____ sister
- _____ dog
- _____ island
- _____ palm
- _____ aunt
- _____ house
- _____ igloo
- _____ hand
- _____ yacht
- _____ e-mail
- _____ cat
- _____ snake
- _____ architect
- _____ eye

Present Simple

La grammaire anglaise est sans aucun doute plus facile que la grammaire italienne, mais pendant mes cours et mes leçons, je vois souvent des étudiants s'embrouiller et avoir des difficultés à choisir le temps de verbe correct.

Mais ne vous inquiétez pas, nous allons maintenant les examiner spécifiquement afin d'apporter un peu de clarté.

Commençons par le présent simple, qui correspond plus ou moins au présent de l'indicatif italien et se forme sujet + base du verbe (infinitif sans to).

Le présent simple est le même pour toutes les personnes à l'exception de la troisième personne du singulier, à laquelle on ajoute un s. Voici quelques exemples:

I cook (Je cuisine)
You cook (Tu cuisines)
He cooks (Il cuisine)
She cooks (Elle cuisine)
It cooks (Il cuisine)
We cook (Nous cuisinons)
You cook (Vous cuisinez)
They cook (Ils cuisinent)

Mais il existe des verbes, dits irréguliers, qui ne respectent pas cette règle.
Parmi eux, un verbe irrégulier très utilisé est le verbe être (to be).

I am
You are
He is
She is
It is
We are
You are
They are

Le présent simple est généralement utilisé pour parler d'activités routinières ou habituelles, qui ont lieu fréquemment.

Ex. *I wash my hair every day* → Je me lave les cheveux tous les jours

Ou bien il est utilisé pour des situations stables:

Ex. *I have brown eyes* → J'ai les yeux bruns.

Ou même pour des vérités absolues:

Ex. *The sky is blue* → Le ciel est bleu

Il est également utilisé pour donner des indications ou des instructions:

Ex. *Please, open the window* → Veuillez ouvrir la fenêtre

Enfin, il est utilisé pour parler d'événements planifiés:

Ex. *The plane leaves at 4 pm* → L'avion décolle à 16 heures.

Rappelez-vous:

Si le verbe se termine par –ch –o –s –ss –sh –x –z on ajoute –es

Si le verbe se termine par la consonne + y on ajoute –ies e et on enlève –y.

La forme négative du présent simple, quant à elle, se forme à l'aide de l'auxiliaire don't/doesn't :

Pour la troisième personne du singulier, utilisez does not (doesn't) + infinitif sans to

Pour les autres personnes, utilisez ne pas (don't) + infinitif sans to

I don't cook

You don't cook

He/She/It doesn't cook

We don't cook

You don't cook

They don't cook

EXERCICES

1) Complétez les phrases en conjuguant correctement les verbes entre parenthèses.

- She _____ (love) the city of London.

- Michael _____ (study) French in Paris.

- Thousands of people _____ (watch) this show.

- Some people _____ (travel) to Berlin for the match.

- He _____ (work) all day.

Present continuous

En anglais, le présent continu est utilisé pour décrire une action qui se déroule en même temps qu'elle est dite, et se forme de la manière suivante:

Sujet + présent d'être + verbe avec - ing du verbe principal.

Ex. Je joue au football → Je joue au football

Ex. Je ne joue pas au football → Je ne joue pas au football

Le présent continu est également utilisé pour décrire une action qui se déroule à un moment précis.

Es. They are studying a lot this period → Ils étudient beaucoup en ce moment.

Pour la forme interrogative, en revanche, on inverse l'auxiliaire avec le sujet.

Es. Are you working? → Vous travaillez?

Cependant, certains verbes ne peuvent pas être conjugués au présent continu car ils expriment une situation d'état.

Ces verbes se subdivisent en verbes indiquant un sentiment, une possession ou une perception involontaire.

Sentiment: love, hate, want, wish, like.

Possession: need, own, have.

Perception: taste, see, hear.

EXERCICES

1) Complétez le discours en insérant les verbes entre parenthèses au présent continu.

We _____ (come) to the Caribbean islands.

At the moment we _____ (relax) on the ship, our childrens Daniel and Chloe _____ (eat) a sandwich.

Uncle John _____ (sit) next to me and we _____ (talk) about yesterday's soccer game.

Instead aunt Linda _____ (read) a book and sitting by the pool.

We hope it's a nice trip.

Present perfect simple

Bien que son nom puisse laisser penser qu'il s'agit d'un verbe indiquant une action qui se déroule au présent, ce n'est pas le cas.

En effet, le present perfect simple est utilisé pour parler du passé, d'actions qui se sont déjà produites auparavant.

Dans sa structure, il est très similaire au passato prossimo italien, mais il est utilisé différemment.

Forme affirmative:

Formé avec **sujet** + **auxiliaire** du verbe avoir ***have/has*** + **le participe passé.**

Ex. I have completed my paintings → J'ai terminé mes peintures.

Forme négative:

Formé avec sujet + auxiliaire du verbe avoir **have/has + négation + participe passé.**

Ex. *He hasn't travelled to Australia* → Il ne s'est pas rendu en Australie

Forma interrogativa:

Formé avec l'auxiliaire du verbe avoir **have/has + sujet + participe passé.**

Ex. *Have you lived in Ireland?* → Avez-vous vécu en Irlande ?

Le present perfect est utilisé pour indiquer des actions qui n'ont pas eu lieu à un moment précis ou des actions qui ne sont pas encore terminées mais qui ont un lien avec le présent.

Ex. *Camilla has had a fever* → Camila avait de la fièvre

Le present perfect est souvent utilisé lorsqu'il y a:

- des expressions temporelles telles que **today, this week, this year**
  Ex. *I have studied a lot today* → J'ai beaucoup étudié aujourd'hui

- avec des adverbes de temps tels que **just, already, yet, still**
  Ex. *I have just been to the dentist* → Je viens d'aller chez le dentiste

- avec des prépositions **since e for**
  Ex. I have lived in Messico for 2 years → J'ai vécu au Mexique pendant 2 ans

- avec des adverbes **ever e never**

    Ex. Have you ever studied in London? → Avez-vous déjà étudié à Londres ?

EXERCICES

1) Complétez les phrases en utilisant le parfait présent correct

- My dad _____ (make) a pizza.

- David _____ (invite) his family.

- A friend _____ (dedicate) a song to me.

- Mark _____ (write) a very interesting book.

- My brother _____ (buy) a new phone.

Present perfect continuous

On trouve souvent le present perfect continuous mais on ne comprend pas toujours la différence avec le present perfect car elle est souvent très subtile.

Le present perfect continuous est utilisé pour parler d'actions qui ont commencé dans le passé et qui sont toujours en cours ou qui viennent de se terminer.

Il est utilisé lorsqu'on veut souligner la prolongation de l'action.

Le parfait continu est formé avec **le sujet + present perfect du verbe être (to be) [have/has been] + gérondif (-ing).**

Ex. *I've been painting all afternoon. I am very tired now* → J'ai peint tout l'après-midi. Je suis maintenant très fatiguée.

Tous les verbes *continuous* sont formés en anglais en utilisant toujours **–ing** et en changeant le temps du verbe être.

EXERCICES

1) **Complétez les 3 phrases en utilisant toute la journée et tout l'après-midi.**

- Richard → (be Camila's house) _____

- Ada → (set up the exhibition) _____

- Mark → (record a new song) _____

Past simple (du verbe être et non seulement)

Toujours en référence à des situations passées, nous allons maintenant voir comment et quand le passé simple du verbe être est utilisé.

Le passé simple est utilisé pour indiquer une action qui s'est déroulée à un moment précis du passé. En effet, dans la phrase, on trouve une expression temporelle spécifique (dates ou adverbes de temps).

Ex. I was born in 1990 → Je suis né en 1990

C'est ainsi que se forme le passé simple du verbe être:

Affirmatif	Négatif	Interrogatif	Interrogatif Négatif
I was	I wasn't	Was I …?	Wasn't I …?
You were	You weren't	Were you …?	Weren't you …?
He was	He wasn't	Was he …?	Wasn't he …?
She was	She wasn't	Was she …?	Wasn't she …?
It was	It wasn't	Was it …?	Wasn't it …?
We were	We weren't	We were …?	Weren't we …?
You were	You weren't	You were …?	Weren't you …?
They were	They weren't	They were …?	Weren't they …?

Mais le passé simple peut également être utilisé pour indiquer une action réalisée à un moment non spécifié. Dans ce cas, on trouvera dans la phrase des expressions telles que – Ages ago – The other day –A long time ago …

Ex. *The other day I finished reading the book* → J'ai terminé la lecture du livre l'autre jour.

Il est donc utilisé pour une action qui s'est déroulée dans le passé avec une certaine fréquence et dans la phrase nous trouverons des adverbes de fréquence.

Ex. *They **often** eat in restaurants on Sundays* → Ils mangent souvent au restaurant le dimanche.

En conclusion, le passé simple est utilisé pour parler de quelque chose qui était vrai à un moment donné dans le passé.

Ex. *I studied in California for 2 years* → J'ai étudié en Californie pendant 2 ans

Verbes réguliers

Pour tous les verbes réguliers, la forme de base du verbe +ed doit être utilisée et ajoutée à toutes les personnes.

Ex. To cook + ed = Cooked

I cooked
You cooked
He/she/it cooked
We cooked
You cooked
They cooked

Cependant, les verbes réguliers qui se terminent par une voyelle et qui n'ajoutent que le symbole **d**

Ex. Hope + d = Hoped

En revanche, dans les verbes réguliers se terminant par une consonne, la consonne doit être doublée

Ex. Plan + n = Planned

Pour les verbes se terminant par un y précédé d'une consonne, l'expression **−y** et ajouter **−ied**

En revanche, pour les verbes qui se terminent par un **y** mais qui sont précédés d'une voyelle, il suffit d'ajouter **−ed**

Ex. Play + ed = Played

Verbes irréguliers

Il faut retenir par cœur les formes des verbes irréguliers et parmi ceux-ci le verbe être, que nous avons vu au début de cette section et dont nous avons déjà vu la conjugaison.

Du verbe être, il faut donc retenir was et were.

D'autres exceptions figurent dans le tableau :

L'infinité	Past Simple
To go	Went
To do	Did
To eat	Ate
To come	Came
To buy	Bought

Forme interrogative

Pour la forme interrogative, il faut d'abord utiliser **l'auxiliaire + le sujet + la forme de base du verbe**

Ex. *Did you study last week?* → Avez-vous étudié la semaine dernière ?

Forme négative

Dans la forme négative, en revanche, la construction est la suivante : **sujet + auxiliaire + négation + forme de base du verbe.**

Ex. *No, I didn't study last week* → Non, je n'ai pas étudié la semaine dernière

EXERCICES

1) **Traduisez les phrases suivantes au passé simple (affirmatif et négatif)**

- Jason's friends are no fun → _____

- Edward is a good composer → _____

- This shirt is not my size → _____

- It is terribly hot → _____

- The cake is not very good → _____

Past continuous

Nous abordons maintenant un autre sujet délicat, le passé continu.

Comme son nom l'indique, il s'agit d'un temps verbal utilisé pour décrire une action qui s'est déroulée dans le passé.

Pour former le passé continu, il faut **le sujet + le passé du verbe être + le verbe de l'action en -ing.**

I was talking
You were talking
He/she/it was talking
We were talking
They were talking

Le passé continu, par exemple, est utilisé en relation avec le passé simple lorsqu'une action a été interrompue par une autre action.

Ex. *We were playing football when it started snowing* → Nous jouions au football quand il a commencé à neiger.

EXERCICES

1) Complétez les phrases avec le passé continu en utilisant les mots donnés.

sing – speak – cook – work – look

- Caroline _____ a song.
- Paul _____ in public.
- My mother _____ dinner.
- Brian and a friend _____ on a new project.
- Mark _____ a movie

Past perfect simple

Le past perfect est utilisé pour décrire une action qui s'est produite avant une action passée. Ainsi, lorsque nous l'utilisons dans des phrases, il y aura une action précédente exprimée avec le past perfect et une action suivante exprimée avec un autre temps du passé tel que le simple past.

Ex. Anne avait déjà préparé le déjeuner quand Michael est rentré → Anne avait déjà préparé le déjeuner quand Michael est rentré

Nous devons nous rappeler que par action précédente, nous entendons l'action qui s'est déroulée temporellement avant et non celle qui se trouve au début de la phrase.

Forme affirmative

A la forme affirmative, le **past perfect** est formé **avec le sujet + l'auxiliaire avere au passé simple (had) + le participe passé.**

I had cooked
You had cooked
He/She/It had cooked
We had cooked
You had cooked
They had cooked

Pour utiliser correctement le past perfect, il faut connaître le participe passé du verbe.

Forme négative

La forme négative se forme avec **le sujet + avait + la négation (pas) + le participe passé du verbe.**

I hadn't cooked
You hadn't cooked
He/She/It hadn't cooked
We hadn't cooked
You hadn't cooked
They hadn't cooked

Forme interrogative

Comme toujours, l'auxiliaire doit être inversé avec **le sujet,** il est donc formé avec **had + sujet + participe passé.**

Had I cooked?
Had you ou cooked?
Had he/she/it cooked?
Had we cooked?
Had you cooked?
Had they cooked?

EXERCICES

1) Complétez les phrases en utilisant le passé simple correct.

February 2019	**May 2019**
- go to Sweden	- go to Australia
- meet in Stockholm	- see a Kangaroo

- They _____ to Sweden

- They _____ in Stockholm

- They _____ to Australia

- They _____ a Kangaroo

Adjectifs

En anglais, les adjectifs peuvent être **gradables et non gradables**, et c'est un sujet qui déroute souvent mes étudiants. Nous allons donc nous pencher sur ce sujet pour comprendre les différences et savoir comment les utiliser correctement.

Les adjectifs servent à enrichir le discours et à décrire un objet, une personne ou un sentiment.

La langue anglaise est pleine de mots qui se ressemblent mais qui ont des significations différentes.

Ex. *Interesting* e *Interested* se ressemblent mais sont complètement différents.

De nombreux adjectifs anglais sont dérivés d'un verbe auquel – **ed –ing.**
Ex. *To relax* → Se détendre   *Relaxed* → Détendu   *Relaxing* → Détendu

Ces mots ajoutés à la fin d'un verbe sont appelés suffixes et transforment le verbe en adjectif.

Un adjectif se terminant par -ing est utilisé pour décrire les caractéristiques d'une personne ou d'une chose, ou d'une situation en particulier.
Ex. *The concert was amazing* → Le concert était fantastique

En revanche, les adjectifs se terminant par -ed servent à décrire une sensation, un sentiment que nous avons éprouvé.
Ex. *Boring* → Ennuyeux   *Bored* → S'ennuyer (c'est notre sentiment)

Si, en revanche, nous voulons décrire la chose qui nous a fait ressentir ce sentiment, nous utiliserons l'adjectif avec le suffixe -ing.
Ex. *She is bored* → Elle s'ennuie   *She is boring* → Elle est ennuyeuse

EXERCICES

1) Inscrivez les adjectifs en anglais à côté de la traduction

> Little - Happy - Stupendous
> Enchanted - Surprised - Scared
> Bored – Interesting – Luminous
> Shocked – Large – Immense

Effrayé	
Stupéfiant	
Petit	
Heureux	
Lumineux	
Choqué	
Enchanté	
Ennuyé	

Immense	
Surpris	
Grand	
Intéressant	

Adjectifs comparatifs

Les adjectifs comparatifs sont des adjectifs qui comparent deux éléments d'une même phrase et peuvent être **la majorité, la minorité et l'égalité.**

Majority comparative (de la majorité)
Ex.
1) This motorbike **is faster** than the others
2) This motorbike **is more expensive** than the others

1) **–er** est utilisé quand on a 1 syllabe ou 2 syllabes se terminant par -y (donc pour les adjectifs courts)
2) **more** est utilisé à la place pour tous les adjectifs ou adverbes plus longs se terminant par -ly

Certains adjectifs font exception et peuvent former le comparatif dans les deux formes indifféremment.
En voici quelques-uns (- Quite, - Clever, - Shallow, - Simple, - Narrow)

En revanche, les comparatifs irréguliers les plus fréquents sont les suivants :

- Good/Well → Better
- Bad/Badly → Worse
- Far → Further – Farther

Equality comparative (d'égalité)
Ex. This motorbike is **as** fast **as** the other
Le comparatif d'égalité ne se forme qu'en mettant comme devant l'adjectif et un autre comme après l'adjectif.

Minority comparative (minorité)

Ex. This motorbike is **less** fast **than** the other

La minorité comparative est formée de **less** qui introduit l'adjectif, le second terme de comparaison est introduit par **than** ce qui correspond à la majorité.

Adjectifs superlatifs

Les superlatifs sont divisés en adjectifs **majoritaires, minoritaires et superlatifs absolus.** Il faut d'abord rappeler que les adjectifs superlatifs sont toujours précédés de l'article **the.** Examinons-les plus précisément.

Superlatifs majoritaires

Les superlatifs majoritaires définissent les caractéristiques du substantif le plus élevé par rapport à quelqu'un ou à quelque chose.

Ex. Mark is **the shortest** on the team → Mark est le plus petit de l'équipe
This lesson is **the most important** of all → Cette leçon est la plus importante de toutes
Lorsque les adjectifs ont 1 syllabe, il suffit d'ajouter **-est.**
En revanche, lorsque l'adjectif a 2 syllabes, il doit être précédé de **most** et l'adjectif reste inchangé.
Il faut rappeler que les adjectifs se terminant par **-e** (par exemple Simple) n'ont besoin que de l'ajout de **-st.**
En revanche, les adjectifs qui se terminent par une consonne et sont précédés d'une voyelle doublent la consonne finale et ajoutent toujours le suffixe **-iest**
Les adjectifs se terminant par **-y** deviennent i et le suffixe **-est** est toujours ajouté, d'où **-iest.**
Examinons maintenant quelques-uns des superlatifs irréguliers les plus courants.
Good → Best   Bad → Worst   Little → Least   Far → Furthest/Farthest

Superlatifs minoritaires

Les superlatifs minoritaires, quant à eux, définissent les caractéristiques du nom au minimum par rapport à quelqu'un ou à quelque chose.

Ex. Jason is the **least** short of the team → Jason est le moins court de l'équipe

This lesson is the **least** important of all → Cette leçon est la moins importante de toutes

Pour former la minorité, il faut donc faire précéder l'adjectif du **the least.**
Rappel: l'adjectif d'origine reste inchangé.

Superlatifs absolus
Ils sont généralement exprimés en anglais à l'aide de certains verbes.

Ex. David is **very tall** → David est très grand

Comme vous pouvez le constater, contrairement aux superlatifs de majorité ou de minorité, il n'y a pas de terme de référence et l'article n'est pas utilisé *the.*

Formation des adverbes

Les adverbes sont utilisés pour déterminer le sens des verbes.

En général, les adverbes précisent de quelle manière (comment), à quel endroit (où) et à quel moment une action a lieu.

Nous pouvons reconnaître les adverbes parce qu'ils se terminent par **-ly** et que la plupart d'entre eux peuvent être formés en ajoutant **-ly** à l'adjectif.

Ex. Quiet (Tranquille) devient → Quietly (Tranquillement).

Cependant, cela ne s'applique pas à tous les adverbes, d'autres ont la même forme que l'adjectif et déjà de nombreux mots qui ne sont pas des adverbes se terminent par **-ly** par exemple comme *friendly*

De nombreuses règles en anglais doivent être apprises par cœur afin de se souvenir des exceptions.

Lorsque l'adjectif se termine par **-y, -i** est substitué à **-y** et **-ly** est ajouté.

Ex. Happ**y** –Happ**ily**

Pour les adjectifs se terminant par **–able, -ible, -le** le **-e** est remplacé par le **-y.**

Ex. Gentl**e** - Gentl**y**

Pour les adjectifs se terminant par **–ic** il faut ajouter **– ally**

Ex. Dynam**ic** - Dynamic**ally**

A l'exception de l'adjectif **public** qui devient **publicy.**

Pour les reconnaître, si les mots comment, où et quand sont présents dans la question, il s'agit probablement d'un adverbe.

Les adverbes peuvent être:

- De la manière (How/ Comment)
- De lieu (Where/Où)
- De temps (When/ Quand)
- Du but ou de l'objectif (Why/ Pourquoi)
- De la fréquence (How often/ Combien de fois)

Adverbes irréguliers

Adjectifs	Adverbes
Hard (Dur)	Hard (fortement)
Early (Précoce)	Early (bientôt)
Fast (Rapide)	Fast (rapidement)
Late (Tardive)	Late (tardive)
Daily (Quotidien)	Daily (quotidien)
Wrong (Faux)	Wrong (à tort)
Good (Bon)	Well (bien)
Straight (Droit)	Straight (directement)

The future

En anglais, le futur peut être exprimé en 4 temps de verbe:
Simple Present – Present Continuous – To be going to – Future Simple

Le ***présent simple*** est utilisé pour parler d'actions futures qui ont lieu à des moments déjà fixés (par exemple, la date d'un examen).
Ex. *His exam is Friday* → Son examen a lieu vendredi
Le ***present continuous*** Il est plutôt utilisé pour parler d'engagements ou d'actions très proches qui ont déjà été définis (personal arrangements or fixed plans).
Ex. *What are you doing tomorrow? I'm going to the gym* → Que fais-tu demain ? Je vais à la salle de sport

La forme de futur avec ***to be going to*** est très similaire au présent continu car il est utilisé pour parler d'événements planifiés ou lorsque nous sommes sur le point de faire quelque chose.
Cette forme est davantage utilisée dans la langue parlée et est plus informelle que le présent continu.
Ex. *We're going to work in Milan* → Nous travaillerons à Milan

Le **future simple** est utilisé pour des prédictions futures, ou pour faire des promesses, ou même pour des événements ou des actions très éloignés dans le temps.

Ex. *It will be difficult to win that game* → Il sera difficile de gagner ce match.

Pour le futur simple, nous utilisons will (ou also shall pour la première personne du singulier et du pluriel).

EXERCICES

1) Écrire correctement les phrases avec les verbes.

- Mr Felix _____ (travel) at the weekend.

- Jonathan _____ (have) a degree on Saturday night.

- Susan _____ (come) back on Friday evening.

- Mr Jayson _____ (have) a business meeting on Wednesday morning.

- Caroline _____ (run) the marathon on Sunday.

L'impératif

Voyons maintenant comment donner un ordre en anglais.

Pour donner un ordre ou un commandement, on utilise l'impératif, qui est le seul à ne pas avoir la forme interrogative.

L'impératif est très simple, peu structuré et basé sur l'infinitif.

Il n'existe donc que deux formes : l'affirmative et la négative.

L'impératif se forme avec l'infinitif du verbe sans sujet (et c'est le seul cas où le sujet n'est pas mis, pour le distinguer du présent simple) voyons ses formes:

Forme affirmative

Ex. *You call me later!* → Il ne fait donc que devenir: *Call me later!* → Appelez-moi plus tard!

Le sujet est éliminé

Forma negativa

Ex. *You don't call me!* → Il ne fait donc que devenir: *Don't call me!* → Ne m'appelez pas !

En anglais, il existe également la forme impérative du **1° personne du pluriel.**

Forme affirmative (+ infinitif sans to)

Ex. *Let's go* → Allons-y

Forme négative (ne pas + infinitif sans to)

Ex. *Let's not go* → Nous n'allons pas

EXERCICES

1) Complétez les phrases en utilisant l'impératif.

- _____ (to wait) in front of the bus stop.

- _____ (to follow) your dreams.

- _____ (to take) the garage keys.

- _____ (to wear) that heavier jacket.

- _____ (to take) that front row seat.

- _____ (not to show) your credit card numbers.

- _____ (not to worry) about the outcome of your exams.

- _____ (to book) your ticket now.

- _____ (to fix) your room window.

Verbes modaux

Dans ce paragraphe, nous abordons les verbes modaux, un autre sujet très intéressant car ils sont utilisés pour parler de possibilités, d'aptitudes, pour faire des demandes, des offres.

Bien les connaître vous permettra de converser plus facilement en anglais.

Les verbes modaux sont des verbes auxiliaires qui expriment des concepts de pouvoir, de volonté et de devoir.

Contrairement à l'italien où les verbes se limitent à vouloir, pouvoir et devoir, l'anglais compte 10 verbes modaux, mais ne vous inquiétez pas, je vais maintenant vous expliquer des techniques pour faciliter leur apprentissage.

Une technique très efficace pour les mémoriser est de les regrouper par catégorie.

Pouvoir → (Can – Could – May – Might)
Ils sont similaires parce qu'ils expriment le concept de pouvoir.

Devoir → (Must – Shall – Should – Ought to)
Ils expriment la notion de devoir.

Volonté → (Will – Would)
Ils font référence à la notion de volonté.

Voici quelques caractéristiques des verbes modaux :
1) **Ils sont invariables,** donc ils ne veulent pas du s à la troisième personne du singulier.
    Ex. Can reste inchangée même au troisième singulier.
2) **Modal + infinitif** sans to, suivi d'un autre verbe à l'infinitif mais sans to
    Ex. *I can play football* → Je peux jouer au football

He should learn to cook → Il devrait apprendre à cuisiner
3) Les verbes modaux n'ont pas besoin de l'auxiliaire do pour construire la forme négative ou interrogative.
    Ex. *I can not play basketball* → Je ne peux pas jouer au basket-ball

Should he learn to cook? → Doit-il apprendre à cuisiner ?

Rappelez-vous que les verbes modaux sont eux-mêmes des auxiliaires et n'ont donc pas besoin de l'auxiliaire.

1) Les verbes modaux n'ont pas de forme pour le futur ou le passé.
2) Ils n'ont pas de forme avec le gérondif -ing ou l'infinitif avec to.

POUVOIR (Can – Could – May – Might)

Le verbe le plus couramment utilisé est le verbe pouvoir. Il sert à exprimer le concept de capacité à faire quelque chose et est également utilisé pour formuler une demande (dans les phrases interrogatives).

Affirmatif: *I can go to the party* → Je peux aller à la fête

Interrogative: *Can I go to the party?* → Puis-je aller à la fête ?

De plus, avec peut vous n'utilisez pas le futur will (~~I will can~~) et pour indiquer que l'on pourra faire quelque chose dans le futur, on utilise **to be able to**.

Ex. In a year I will be able to play football again → Dans un an, je pourrai à nouveau jouer au football.

Could est souvent utilisé dans un langage formel pour formuler une demande.

Ex. *Could you rent your house?* → Pourriez-vous louer votre maison ?

Le verbe **may** a également un sens de puissance mais exprime une possibilité, une demande d'autorisation ou un souhait.

Ex. *May I stay here?* → Puis-je rester ici ?

May you achieve all your desires → Que vous puissiez réaliser tous vos souhaits

Might est utilisé lorsque la possibilité ou la probabilité est moindre.

Ex. It might snow in 10 days → Il pourrait neiger dans 10 jours

DEVOIR (Must – Shall – Should – Ought to)

Le verbe **must** est utilisé pour exprimer une obligation, un devoir ou une interdiction.

Ex. You must wear you seatbelt → Vous devez porter une ceinture de sécurité

Pour le futur, nous devons utiliser la construction **to have to** (et non must)

Ex. *You will have to learn how to manage the company if you want to fill the role of manager* → Vous devrez apprendre à gérer l'entreprise si vous voulez devenir manager.

Il verbe **shall** est utilisé pour faire une proposition ou, dans des contextes formels, pour demander un avis (utilisé uniquement à la 1ère personne du singulier et à la 1ère personne du pluriel I - We)

Ex. *Shall we go to running today?* → Vous allez courir aujourd'hui ?

Au lieu de cela, les verbes **should** e **ought to** sont très similaires et sont utilisés pour donner une suggestion ou un conseil.

Ex. *He should stop smoking* → Il devrait arrêter de fumer

She ought to go on a strict diet → Doit suivre un régime alimentaire strict

Enfin, les verbes **will** e **would** exprimer le concept de vouloir, exprimer une intention ou faire une demande.

Ex. *Will you come to the prom with me?* → Voulez-vous aller au bal avec moi ?

Will comme nous l'avons déjà vu, est également utilisé pour indiquer le futur.

Would you come to my concert? → Voulez-vous venir à mon concert ?

Would est également utilisé pour les conditionnels, mais nous verrons cela dans la section suivante. *Now let's keep practicing!*

EXERCICES

1) Complétez les questions en utilisant correctement les verbes.

- *Can I eat this?* (I/eat/this) **(Example)**

- _____ (you/send) a message?

- _____ (you/read) the directions?

- _____ (you/take/me/home) after school?

- _____ (you/pack your suitcase) for tomorrow?

Conditionals

Le conditionnel anglais est beaucoup plus simple que le conditionnel italien. En effet, en anglais, il n'a pas besoin d'être conjugué à toutes les personnes et se forme avec **would + le verbe à l'infinitif sans to.**

I would eat → Je mangerais
You would eat
He would eat
She would eat
It would eat
We would eat
You would eat
They would eat

En bref, vous pouvez mettre le sujet + **'d** = *I'd eat*

Forme négative (would + not)
I would not eat → Je ne mangerais pas
Contrat: I wouldn't eat

Forme interrogative (would + sujet + infini senza to)
Ex. *Would you go to the party?* → Voulez-vous aller à la fête ?
Examinons maintenant en détail le conditionnel passé.
Pour le former, il faut toujours **would + present perfect** (rappelons que le present perfect se forme have + participe passé du verbe)
Ex. I would have eaten a cake → J'aurais mangé un gâteau

Cependant, certains verbes n'ont pas besoin de "would" parce qu'ils ont des formes autonomes du conditionnel et qu'ils sont : **could – might – should**
Ex. I could go to the match now → Je pourrais aller voir le match maintenant

Might est utilisé pour exprimer le concept de puissance, lorsque l'on parle d'une probabilité plus lointaine.

Ex. *It might have snowed last week* → Il aurait pu neiger la semaine dernière

Should est utilisé pour faire une hypothèse ou une proposition.

Si l'on veut former le conditionnel au passé, il faut utiliser **should + il present perfect.**

Ex. *I should have run less yesterday* → J'aurais dû courir moins hier

EXERCICES

1) Traduisez correctement les phrases suivantes

- Je mangerais bien une pizza ce soir.

- Pourrais-tu m'accompagner à l'entraînement demain ?

- Je suis censé aller chez ma tante demain.

- Je devais travailler davantage hier.

- J'aurais dû être plus prudent.

-ing form and infinitive

Dans cette section, nous allons voir quels verbes peuvent utiliser la forme **-ing** et la forme infinitive avec to, qui sont les plus courants.

1) Verb + -ing

Ex. *I avoid spending time with negative people* → J'évite de passer du temps avec des personnes négatives

Voici quelques verbes qui respectent cette exception en -ing: admit, avoid, carry on, practise, miss, consider ...

2) Verbs + -ing or to infinitive

Il s'agit de tous les verbes qui indiquent le début, la fin, la continuation et dont la forme alternative est en **-ing** ou à l'infinitif.
Ex. Begin, start, continue

3) Verb + ing or to infinitive

Ce sont tous des verbes de préférence, d'amour ou d'aversion pour quelqu'un ou quelque chose.
-ing form indique souvent le plaisir ou la non-appréciation (Ex. I like composing music)
-to indique souvent une habitude (Ex. I like to play football)
Cependant, si vous devez faire un travail scolaire, un examen ou un test universitaire ou tout autre type de test officiel, je vous conseille de toujours utiliser la forme -ing pour éviter les erreurs car elle est généralement la plus utilisée et officiellement considérée comme correcte.

4) Verbs + -ing or to-infinitive

Lorsque nous utilisons ces verbes avec **-ing,** nous nous référons à une action qui a eu lieu dans le passé.
Ex. *I remember meeting you last month* → Je me souviens de vous avoir rencontré le mois dernier
Si nous utilisons la forme avec le -to, je me réfère plutôt au futur.
Ex. *Remember to take the keys* → N'oubliez pas de prendre les clés
Voici quelques verbes qui peuvent prendre les deux formes: stop, regret, remember, try

EXERCICES

1) Orthographiez correctement les verbes suivants avec la forme en –ing.

Become _____   Eat _____

Make _____   Play _____

Get _____   Learn _____

Have _____   Wait _____

The passive

Comment transformer une phrase de l'actif au passif ? C'est ce que nous allons voir dans ce paragraphe.

J'ai souvent remarqué que les étudiants avaient quelques difficultés avec l'utilisation du passif, mais le but de ce paragraphe est précisément de vous expliquer en détail comment le passif est formé en anglais et quelles sont les techniques utilisées pour vous aider à vous souvenir de la construction.

Commençons par le commencement !

Le passif est utilisé lorsque le sujet subit l'action. Voyons quelques exemples:

Present simple

I cook rice (**activé**)

The rice is cooked by me (**passif**)

Comme vous pouvez le voir sur present simple *I* est le sujet, ***cook*** est le verbe et ***rice*** est le complément d'objet.

En revanche, dans la phrase passive, il devient ***the rice*** sujet, ***is cooked*** est un verbe et ***by me*** est le complément d'agent).

Il en va de même pour le past simple, mais à la forme active, le verbe sera ***cooked*** et dans le passif ***was cooke.***

Au présent de l'indicatif, à la forme active, le verbe sera ***have cooked*** et dans le passif ***has been cooked*** et ainsi de suite pour les autres temps de verbe.

Il faut donc se rappeler que dans la phrase passive:

- Le sujet de la phrase active devient l'agent de la phrase passive précédée de ***by.***
- Le complément d'objet de la phrase active devient l'objet de la phrase passive.
- Le verbe de la phrase passive devient le participe passé et ajoute l'auxiliaire ***to be*** qui est conjugué selon le temps de la phrase active.

Enfin, n'oubliez pas que dans la phrase passive, le complément d'agent est exprimé par le pronom complément, ce qui explique ces changements:

I → Me
You → You
He → Him
It → It
We → Us
You → You
They → Them

EXERCICES

1) Transformez les phrases suivantes à la forme passive

- I lost my new jacket → _____

- My father cooked the pizza → _____

- Erik ate the cake → _____

- Camila reads the book → _____

- They watch a movie → _____

Discours indirect

Comme en italien, le discours indirect en anglais est utilisé pour rapporter ce que quelqu'un a dit, c'est-à-dire ce qui a été dit par quelqu'un d'autre.

Pour l'introduction du discours indirect, on utilise généralement des verbes **say, tell e ask.**

Ex. *Mark said: David is tired* → Mark a dit: David est fatigué **(discours direct)**

Ex. *Mark said that David was tired* → Mark a dit que David était fatigué **(discours indirect)**

Comme vous pouvez le constater, du discours direct au discours indirect, le temps verbal subit une transformation:

Simple present (discours direct)

I play football, he said. → Je joue au football, a-t-il dit.

Simple past (discours indirect)

He said that he played football → Il a dit qu'il jouait au football.

Present Continuous (discours direct)

I am playing football, he said → Je joue au football, a-t-il dit.

Past Continuous (discours indirect)

He said that he was playing football → Il a dit qu'il jouait au football.

Simple past (discours direct)

I played football, he said → J'ai joué au football, a-t-il dit.

Past Perfect (discours indirect)

He said that he had played football → Il a dit qu'il jouait au football.

(Ricorda che comunque l'uso di **that** è facoltativo).

Future (discours direct)

I will play football, he said → Je vais jouer au football, a-t-il dit.

Present Conditional (discours indirect)

He said that he would played football → Il a dit qu'il allait jouer au football.

EXERCICES

1) Traduisez les phrases suivantes

- Michael a dit qu'il ne viendrait pas au match de basket vendredi.

_____

- Melissa annonce à Angel qu'elle part pour New York le lendemain.

_____

- Emily a dit à tout le monde qu'elle avait eu une mauvaise expérience.

_____

- Nathan m'a demandé de lui prêter mes notes pour étudier.

_____

- Elizabeth nous a informés qu'elle allait travailler à Londres.

_____

CHAPITRE 6. Vocabulaire, situations réelles et vocabulaire.

Jusqu'à présent, nous avons surtout vu des notions très théoriques concernant toutes les bases de la grammaire, qu'il est certes fondamental de connaître pour apprendre l'anglais.

A la fin de chaque leçon théorique, j'ai inclus quelques exercices afin que vous puissiez immédiatement mettre en pratique ce que vous avez appris dans chaque paragraphe, mais je voudrais maintenant me concentrer sur des aspects liés à la vie quotidienne tels que le vocabulaire, les exemples de situations de la vie réelle et les expressions les plus courantes qui sont le plus souvent utilisées dans les différents domaines de la vie.

Comme nous l'avons déjà mentionné au début de ce livre, il est très important de faire un effort pour communiquer et interagir avec les autres afin d'apprendre une nouvelle langue, alors voyons maintenant quelques expressions anglaises qui peuvent être utiles pour le dialogue et la communication.

CONVERSATION, FAMILLE ET RELATIONS

Conversation for beginners (Pour les débutants)

Good morning → Bonjour
Good evening → Bonsoir
Good night → Bonne nuit
Good day → Bonne journée
Welcome → Bienvenue
See you tomorrow → A demain
Be careful! → Attention !
See you soon → A bientôt
How are you? → Comment allez-vous ?
Not bad → Pas mal
I'm not very well → Je ne vais pas très bien
Goodbye → Au revoir
Nice to meet you → Enchanté de vous rencontrer
What's new? → Quoi de neuf ?
What do you want to do? → Que voulez-vous faire ?
Do you speak English? → Parlez-vous anglais ?
I don't speak English → Je ne parle pas anglais
I only speak a little English → Je parle seulement un peu l'anglais
How long have you decided to stay here? → Combien de temps avez-vous décidé de rester ici ?
I am here for a week → Je suis ici pour une semaine
I'm here on vacation → Je suis en vacances
My name is Emily → Je m'appelle Emily
Where do you come from? → D'où viens-tu ?
I was born in Madrid → Je suis née à Madrid
What is your phone number? → Quel est votre numéro de téléphone ?

Famille

Examinons quelques-uns des termes utilisés pour décrire les membres de la famille et les relations.

Pour identifier les termes utilisés pour décrire les membres de la famille, nous pouvons diviser les membres de la famille en deux catégorieso: **immediate family** e **extended family.**

Les membres de la famille immédiate font partie de la catégorie immédiate :

Mother → Maman

Father → Papa

(Rappelons qu'en ce qui concerne la prononciation, dans les deux cas, le son th doit être prononcé avec la langue entre les dents).

Sister → Sœur

Brother → Frère

(si, toutefois, nous avons des frères et des sœurs dans la famille, nous pouvons utiliser le mot frères et sœurs pour indiquer n'importe quel sexe).

Ex. I have four siblings, 2 brothers and 2 sisters

Passons maintenant aux grands-parents:

Grandmother → Grand-mère (mais aussi sous forme contractuelle Grandma)

Grandfather → Grand-père (mais aussi sous forme contractuelle Grandpa)

Pour indiquer les membres de la famille mariés :

Husband → Mari

Wife → Épouse

Son → Fils

Daughter → Fille

Dans la catégorie de la **famille élargie**, nous indiquons tous les parents plus éloignés :

Uncle → Oncle

Aunt → Tante

Nephew → Neveu (homme)

Niece → Nièce (femme)

Mother-in-law → Belle-mère

Father-in-law → Beau-père

Stepmother → Belle-mère

Stepfather → Beau-père

Half-brother → Demi-frère

Half-sister → Demi-sœur

Cousin → Cousin(e)

Cousins → Cousins

Rapports

We have been friends for about 30 years → Nous sommes amis depuis environ 30 ans.

We made friends 5 years ago → Nous nous sommes liés d'amitié il y a 5 ans

We fell in love while we were traveling together in Latin America → Nous sommes tombés amoureux alors que nous voyagions ensemble en Amérique latine.

Can I buy you a drink? → Puis-je vous offrir un verre ?

Would you like to join us? → Voulez-vous vous joindre à nous ?

Can I walk you home? → Puis-je vous raccompagner ?

Would you like to come back to mine? → Voulez-vous venir chez nous ?

Do you want to dance with me? → Voulez-vous danser avec moi ?

I enjoy spending time with you → J'aime passer du temps avec toi

I find you very attractive → Je vous trouve très attirant(e)

Would you like to have dinner with me? → Voulez-vous dîner avec moi ?

You have beautiful eyes → Vous avez de beaux yeux

Are you engaged? → Êtes-vous fiancé(e) ?

Do you have a boyfriend? → Avez-vous un petit ami ?

Do you have a girlfriend? → Avez-vous une petite amie ?

Are you married? → Êtes-vous marié(e) ?

HEURES, DATES ET NOMBRES

Horaires

Les expressions les plus couramment utilisées pour demander l'horaire sont typiquement les suivantes :

What time is it? → Quelle heure est-il ?

Could you tell me the time, please? → Pourriez-vous me dire l'heure, s'il vous plaît ?

Do you know what time it is? → Savez-vous quelle heure il est ?

Ces expressions sont utilisées pour répondre :

It's → C'est ...

Exactly → Exactement ...

About → A peu près ...

Rappelez-vous que les heures anglaises font la distinction entre le matin et l'après-midi. En fait, pour indiquer l'heure du matin, on utilise AM (am commence après minuit), et pour l'après-midi/soirée, on utilise PM (pm commence après midi).

Pour répondre en indiquant l'heure précise, on utilise le terme o'clock :

It's one o'clock → il est une heure

It's two o'clock → il est deux heures

It's three o'clock → est trois heures

It's four o'clock → il est quatre heures

It's five o'clock → il est cinq heures

It's six o'clock → il est six heures

It's seven o'clock → est sept heures

It's eight o'clock → il est huit heures

It's nine o'clock → il est neuf heures

It's ten o'clock → il est dix heures

It's eleven o'clock → il est onze heures

It's twelve o'clock → il est douze heures

Pour indiquer les minutes, en revanche, si l'aiguille de l'horloge se trouve dans la moitié droite entre 12 et 6, il faut indiquer le nombre de minutes suivi du past et de l'heure.

Si l'aiguille se trouve dans la moitié gauche entre 12 et 6, il faut indiquer le nombre de minutes suivi de à et l'heure à venir.

Ex. *It's half past ten* → Il est dix heures et demie

Un quatrième est indiqué par ***a Quarter.***

Ex. *It's a quarter past ten* → Il est dix heures et quart

Ex. *It's a quarter to ten* → Il est dix heures moins le quart

Dates

En anglais, les dates s'écrivent avec des nombres ordinaux.

En ce qui concerne les dates, il existe toutefois des différences entre l'anglais britannique et l'anglais américain, dont voici quelques exemples :

Par exemple, le 27 avril 2019, vous écrirez → 27th April 2019

Alors qu'en anglais américain, le 5 novembre 2019 s'écrira → November 5th, 2019

Comme vous pouvez le constater, il existe des différences dans l'orthographe. En anglais britannique, l'ordre de la date s'écrit comme en italien, alors qu'en anglais américain, on écrit généralement le mois d'abord, puis le jour, et n'oubliez pas que les mois doivent toujours être écrits avec une majuscule.

Lorsque vous écrivez des dates en anglais, tous les mois peuvent être abrégés, à l'exception de mai et de juin. (May and June).

Pour demander quelle est la date du jour en anglais, vous devez dire :

What's the date today? → Quelle est la date d'aujourd'hui ? Ou : quel est le jour d'aujourd'hui ?

What day is it today? → Quel jour sommes-nous ?

En ce qui concerne les années, les années inférieures à 2000 sont toutefois lues séparément:

Ex: 1995 Le texte est le suivant: *nineteen ninety-five*

Ex. 1907 Le texte est le suivant: *nineteen oh seven*

À partir de 2000, cependant, nous pouvons prononcer les années différemment :

Ex: 2018 → *two thousand and eighteen* ou *twenty - eighteen*

Les siècles doivent également être lus comme des nombres ordinaux suivis du mot ***century (siècle)***

Ex. Le 14e siècle → *The 14th century*

Chiffres

1 – One	6 – Six	11 – eleven	16 – sixteen	21 - twenty-one
2 – Two	7 – Seven	12 – twelve	17 – seventeen	22 - twenty-two
3 – Three	8 – Eight	13 – thirteen	18 – eighteen	23 - twenty-three
4 – Four	9 – Nine	14 – fourteen	19 – nineteen	24 - twenty-four
5 – Five	10 – Ten	15 – fifteen	20 – twenty	25 - twenty-five

100 - One hundred   500 - Five hundred   1000 - One thousand   1000000 – One million

VOYAGES

Si vous avez choisi ce livre, c'est probablement parce que vous souhaitez apprendre l'anglais, peut-être aussi pour communiquer en voyage, et puisque nous sommes enfin de retour pour voyager plus librement après les restrictions dues à la pandémie, commençons maintenant avec quelques expressions et phrases utiles que vous pourrez utiliser au bon moment, que vous soyez à l'aéroport, dans l'avion, en vacances, à l'hôtel, dans les transports ou dans une nouvelle ville.

Can I have your ticket, please? → Puis-je avoir votre billet, s'il vous plaît ?
What time is my flight? → Quelle est l'heure de mon vol ?
This flight has been cancelled → Ce vol a été annulé
Where is my gate? → Où est ma porte d'embarquement ?
How do you get to Gate 10? → Comment se rendre à la porte 10 ?
How much luggage can I check in? → Combien de bagages puis-je enregistrer ?
Can we switch seats? → Pouvons-nous changer de siège ?
Would you prefer an aisle seat or a window seat? → Préférez-vous un siège côté couloir ou côté fenêtre ?

What is the purpose of your trip? → Quel est le but de votre voyage ?

What time do we land? → À quelle heure atterrissons-nous ?

I had a good trip. → J'ai fait un bon voyage

Where can I get a taxi? → Où puis-je trouver un taxi ?

Could you tell me where I can rent a car? → Pouvez-vous me dire où je peux louer une voiture ?

What time is the next bus? → À quelle heure part le prochain bus ?

This train is late → Ce train est en retard

Have you ever been to Australia? → Êtes-vous déjà allé en Australie ?

How long does the journey take? → Combien de temps dure le voyage ?

Could you show me where the Arch of Triumph is in the map, please? → Pourriez-vous me montrer où se trouve l'Arc de Triomphe sur la carte, s'il vous plaît ?

Where is the info point? → Où se trouve le point d'information ?

Where can I find the souvenir shop? → Où puis-je trouver la boutique de souvenirs ?

I am looking for the bus to the center of Milan → Je cherche le bus pour le centre de Milan

When we go to New York, will we have time to go sightseeing? → Quand nous irons à New York, aurons-nous le temps de faire du tourisme ?

I'm rally looking foward to seeing the British Museum → J'ai hâte de visiter le British Museum

We won a once-in-a-lifetime trip to Los Angeles! → Nous avons gagné un voyage unique à Los Angeles !

I have a reservation for [name] → J'ai une réservation au nom de _____

Is there a single/double/twin room available? → Avez-vous une chambre simple/double/jumelle disponible ?

I would like to stay for 3 nights please → Je souhaite rester 3 nuits, s'il vous plaît

How much is this room per night? → Combien coûte cette chambre par nuit ?

I would you like to change my room → Je voudrais changer ma chambre

I've lost my room key → J'ai perdu la clé de ma chambre

What time is check-out? → A quelle heure devons-nous partir ?

We have breakfast early because we have to checkout at 10 am → Nous prenons le petit-déjeuner tôt car nous devons partir à 10 heures

Can I store my luggage in the hotel the day of the departure? → Puis-je déposer mes bagages à l'hôtel le jour du départ ?

How much is half-board? → Quel est le prix de la demi-pension ?

Vocabulary

Car → voitures

Bus → bus/coach

Train → train

Motorcycle / motorbike → moto

Tram → tram

Bicycle → bicyclette

Highway → autoroute

Plane / airplane → avion / aéroplane

Flight → vol

Take off → décollage

Land → atterrare

Baggage → bagage

Boarding pass → Carte d'embarquement

Check in → check-in

Gate → Porte d'embarquement

Flight crew → Personnel navigant

Cruise ship → Bateau de croisière

Hotel → Hôtel

Apartment/flat → appartamento

Single room → Chambre individuelle

Room service → Service en chambre

ÉTUDES, ÉCOLE ET UNIVERSITÉ

What school do you attend? → Quelle école fréquentez-vous ?

Where do you study? → Où étudiez-vous ?

I go to school in Cambridge → Je vais à l'école à Cambridge

Which university are you at? → Quelle est votre université ?

I go to Harvard University → Je vais à l'Université de Harvard

Are you a student? → Êtes-vous étudiant ?

What did you study? → Qu'avez-vous étudié ?

I'm studyng art history → J'étudie l'histoire de l'art

Which year are you in? → En quelle année êtes-vous ?

I'm in my second year at university → Je suis en deuxième année d'université

I've just graduated → Je viens d'obtenir mon diplôme

TRAVAIL & BUSINESS

La connaissance de l'anglais aujourd'hui sera également très utile dans le monde du travail, que vous souhaitiez chercher un nouvel emploi et partir vivre à l'étranger, que vous souhaitiez travailler en ligne en tant qu'indépendant ou que vous souhaitiez créer une entreprise, la connaissance de l'anglais vous ouvrira de nouvelles opportunités.

Ces dernières années, je vois de plus en plus d'étudiants désireux d'apprendre l'anglais afin d'avoir plus d'opportunités dans le monde du travail ou dans les affaires.

Aujourd'hui, avec les nouvelles technologies, vous avez la possibilité de communiquer avec des personnes du monde entier et ce serait certainement une grande limitation que de ne pas apprendre l'anglais.

C'est précisément pour cette raison que nous allons examiner dans ce paragraphe quelques expressions utiles dans le monde du travail.

Le travail en général

What sort of work do you do? → Quel type de travail faites-vous ?

I'm self-employed → Je suis indépendant

Where do you work? → Où travaillez-vous ?

I work in the office → Je travaille au bureau

I have a restaurant → J'ai un restaurant

I've got a full-time job → J'ai un emploi à temps plein

I'm training to be an engineer → Je suis une formation d'ingénieur

I do some voluntary work → Je fais du bénévolat

I work from home → Je travaille à domicile

Recherche d'emploi

I'd like to apply for this job → Je souhaite postuler à cet emploi

I saw your ad on Linkedin → J'ai vu votre annonce sur Linkedin

I'm interested in this position → Ce poste m'intéresse

What are the hours of work? → Quels sont les horaires de travail ?

Is this a temporary or permanent position? → s'agit-il d'un poste temporaire ou permanent?

What is the remuneration? → Quelle est la rémunération ?

What's the salary? → Quel est le salaire ?

£1700 a month → £1700 par mois

Will I get paid for overtime? → Les heures supplémentaires seront-elles rémunérées ?

I would like to take this job → J'aimerais prendre cet emploi

We'd like to invite you for an interview → Nous aimerions vous appeler pour un entretien

This is the job description → Voici la description du poste

Have you got any experience? → Avez-vous de l'expérience ?

We need someone with experience → Nous avons besoin d'une personne expérimentée

Have you got any qualification? → Avez-vous des qualifications ?

What qualifications have you got? → Quelles sont vos qualifications ?

We'd like to offer you the job. When can you start? → Nous aimerions vous offrir le poste. Quand pouvez-vous commencer ?

This is your employment contract → Ceci est votre contrat de travail

Business

Connaître l'anglais des affaires est également très important pour rédiger des courriels, parler au téléphone, conclure des marchés, collaborer avec des partenaires internationaux, gérer des équipes dans différents pays du monde et créer des activités en ligne.

Se devi inviare una mail informale potresti utilizzare l'espressione:

To Mark it may concern → Mark pourrait être intéressé par

Lorsque vous envoyez des courriers électroniques avec des pièces jointes, vous pouvez utiliser cette phrase :

Please find attached → Veuillez trouver (le fichier) ci-joint

Indiquer plutôt de répondre le plus rapidement possible à une question urgente, par exemple:

ASAP (as soon as possible) → Dès que possible

Voyons maintenant la différence entre CV et Resumé:

CV est le CV le plus long, composé de quatre à cinq pages dans lesquelles vous pouvez inclure vos réalisations, vos qualifications et vos compétences.

Resumé quant à lui, est un document similaire au curriculum vitae mais plus court. Il s'agit d'une page normale d'un document dans lequel vous indiquez peut-être votre meilleure réalisation, mais pas quelque chose de trop spécifique.

Lorsque nous devons commencer à collaborer avec quelqu'un, nous pouvons utiliser :*Let's collaborate* → Commençons à collaborer

Start from scratch → Reprendre à zéro

Les délais sont utilisés pour fixer les échéances d'un travail:

Set deadlines or meet deadlines → Fixer des délais ou respecter les délais

Pour donner le feu vert et approuver un projet, en revanche, on utilise l'expression:

To give the greenlight → Donner le feu vert

Pour dire que l'on est en retard sur le calendrier ou que l'on a livré un projet en avance sur le calendrier, on utilise:

Behind schedule / Ahead of schedule → En retard / en avance sur le calendrier

Pour rester dans un certain budget ou ne pas dépasser le budget:

Stay on budget/go over budget → Respecter le budget / dépasser le budget

Pour approuver quelque chose et indiquer que vous signez un projet, vous pouvez utiliser l'expression:

Sign off on → Sign off on (something)

Our employees are qualified and also have hands on experience → Nos employés sont qualifiés et ont une expérience pratique

You need to work hard to get ahead in this industry → Vous devez travailler dur pour progresser dans ce secteur

DIVERTISSEMENT ET LOISIRS

Cinéma

What's on at the cinema today? → Que se passe-t-il au cinéma aujourd'hui ?

Who's in it? → Qui joue dans ce film ?

What do you think of that movie? → Que pensez-vous de ce film ?

I enjoyed it → J'ai bien aimé

It was really good → C'était vraiment bien

It's one of the best movies I've ever seen → C'est l'un des meilleurs films que j'aie jamais vus

it's an action movie → c'est un film d'action

It's just been released → Il vient de sortir

Shall we get some popcorn? → On va chercher du pop-corn?

The acting was excellent → Le jeu des acteurs était excellent

Disco

Do you want to go dancing tonight? → Voulez-vous aller danser ce soir ?

Do you know any good clubs near here? → Connaissez-vous de bons clubs près d'ici ?

How much is it to get in? → Combien coûte l'entrée ?

What kind of music is there? → Quel genre de musique y a-t-il ?

It's a private party tonight → C'est une soirée privée ce soir

This nightclub is for over 18s only → Cette boîte de nuit est réservée aux plus de 18 ans

Admission to the party is only on the list → L'entrée à la soirée se fait uniquement sur la liste

L'art

How much does the ticket cost just for the exhibition? → Combien coûte le billet d'entrée à l'exposition ?

Can I take photographs? → Puis-je prendre des photos ?

Audio guides are also provided for this exhibition → Des audioguides sont également prévus pour cette exposition

Are there any guided tours today? → Y a-t-il des visites guidées aujourd'hui ?

Whose is this painting? → À qui appartient ce tableau ?

The museum has a collection of portraits → Le musée possède une collection de portraits

SPORT

Connaître un maximum de mots de vocabulaire d'une nouvelle langue vous permettra d'en accélérer l'apprentissage. Il est donc bon que vous connaissiez également les noms des différents sports qui peuvent s'avérer utiles pour comprendre votre interlocuteur et dialoguer dans des situations de la vie quotidienne.

Voici une liste des noms des différents sports et de leur prononciation en anglais.

Vocabulaire des disciplines sportives :

Aerobics → Aérobic
Archery → Tir à l'arc
American Football → Football américain
Athletics → Athlétisme
Basketball → Basket-ball
Baseball → Baseball
Beach Volleyball → Volley-ball de plage
Bowls → Pétanque
Boxing → Boxe
Canoeing → Canoë-kayak
Climbing → Escalade
Cycling → Cyclisme
Dance → Danse
Darts → Fléchettes
Fishing → Pêche
Football/Soccer → Football
Golf → Golf
Gymnastics → Gymnastique
Hockey → Hockey
Horse racing → Courses de chevaux
Horse riding → Équitation
Rollerblading → Patinage
Jogging → Jogging

Karate → Karaté

Motor racing → Course moto

Pool/Biliards → Billard

Rugby → Rugby

Running → Course à pied

Sailing → Voile

Surfing → Surf

Swimming → Natation

Tennis → Tennis

Volleyball → Volley-ball

Weightlifting → Haltérophilie

Wrestling → Lutte

Yoga → Yoga

SANTÉ

En voyageant, il peut arriver que l'on tombe malade ou que l'on ait un problème de santé. Connaître des phrases et du vocabulaire anglais peut donc s'avérer utile, par exemple pour pouvoir communiquer avec le médecin, même lorsque l'on se trouve dans d'autres pays.

Par exemple, lorsque nous sommes malades et que nous nous rendons chez le pharmacien ou le médecin, on nous demandera probablement : "What is the problem ? (quel est le problème) ou, de manière un peu plus grincheuse, "what's the matter?".

Ou encore, l'expression "How can I help you?" peut être utilisée.

Si l'on souffre de douleurs physiques en général, on peut répondre "I am in a lot of pain" ou "I have been feeling sick"

Pour approfondir la question de l'inconfort, le spécialiste dira probablement "how long have you been feeling like this?" ou "what are your symptoms?"

Examinons quelques-uns des symptômes les plus courants :

- *I have a stomach ache* → J'ai mal au ventre
- *I have a headache* → J'ai mal à la tête
- *I have a cold* → J'ai un rhume
- I have a pain in my back → J'ai mal au dos

Vous pouvez peut-être vous entraîner à essayer des conversations avec des amis ou à jouer à des jeux de mime pour apprendre à utiliser toutes ces expressions dans différentes situations de la vie. Avec mes élèves, j'ai souvent recours à des jeux de mime pour mémoriser certaines expressions. Par exemple, vous pouvez mimer le problème et l'autre personne doit le deviner, c'est une méthode efficace et amusante.

Autres exemples d'expressions :

- *You have a cold* → Tu as un rhume
- *You have a runny nose* → Vous avez le nez qui coule

Le médecin peut alors demander :

- *Can you cough, please?* → Pouvez-vous tousser, s'il vous plaît ?
- *Are you allergic to any medicines?* → Êtes-vous allergique à des médicaments ?

La réponse pourrait être la suivante :

- *I'm am allergic to ...* → Je suis allergique à ...

Le médecin poursuit en disant

- *I'm going to take your blood pressure* → Je vais prendre votre tension
- *I'm going to take your temperature* → Je vais prendre votre température
- *Your temperature is normal* → Votre température est normale
- *Your temperature is quite high* → Votre température est un peu élevée

A l'issue de la visite, il pouvait conclure en disant :

- *You should lose some weight* → Vous devriez perdre du poids
- *You should quit smoking* → Vous devriez arrêter de fumer
- *I'm going to prescribe you a cough syrup* → Je vais vous prescrire un sirop pour la toux

Chapitre 7. 11 Expressions idiomatiques en anglais

L'objectif principal de ce manuel est de vous apprendre à maîtriser l'anglais et surtout à le parler couramment. C'est pourquoi, dans ce dernier chapitre, nous allons examiner quelques expressions idiomatiques anglaises agréables à retenir.

Cependant, avant de commencer, j'aimerais faire la distinction entre les expressions idiomatiques et les proverbes afin d'éviter de les confondre.

Les proverbes sont des dictons, des aphorismes ou peut-être des citations de sagesse, tandis que les expressions idiomatiques sont des expressions dans lesquelles ce que les mots disent littéralement ne signifie pas la même chose, mais une chose différente.

Il existe de nombreuses expressions idiomatiques en anglais, mais voyons maintenant les plus drôles et les plus utilisées.

Magari ti sarà capitato sicuramente di aver sentito l'espressione inglese ***"you are the apple of my eyes"***.

Bien que le sens littéral de cette expression soit "tu es la prunelle de mes yeux", elle est en fait utilisée pour indiquer que l'on est très fier de quelqu'un ou de quelque chose, pour indiquer quelque chose de cher et de très précieux.

En fait, cette expression est également traduite par "tu es la prunelle de mes yeux" pour indiquer que quelque chose ou quelqu'un est précieux.

Une autre belle expression utilisée par les Anglais pour dire que "vous n'avez pas d'oreille" pour distinguer les différentes tonalités musicales, par exemple, est la suivante ***"he has Van Gogh's ear for music"*** (parce que Van Gogh s'était coupé l'oreille et que, par conséquent, quiconque ne peut pas reconnaître les sons musicaux est comme s'il n'avait pas d'oreille).

Pour dire que l'on a "un estomac de fer" et que l'on peut donc manger n'importe quoi, on utilise en anglais l'expression "iron stomach" (estomac de fer) ***"I have a cast iron stomach"***.

Un autre bon exemple pour indiquer qu'une personne boit beaucoup d'alcool est le suivant ***"he drinks like a fish"*** ce qui signifie littéralement "il boit comme un poisson".

Une autre expression un peu particulière est ***"use your loaf"*** signifie qu'il faut utiliser son cerveau et donc raisonner, même si le sens littéral est complètement différent.

En revanche, en anglais, pour dire par exemple l'expression "he has his heart in his throat", pour dire que l'on a peur ou que l'on est nerveux, on dit ***"his heart in his month"***.

Ou encore, dans certaines occasions de la vie où l'on a envie de choisir ou de faire décider quelque chose par quelqu'un, on utilise parfois l'expression **"the ball is in your court"** pour signifier précisément que la décision vous appartient ou que c'est à vous de décider.

L'une des plus belles expressions utilisées pour souhaiter bonne chance à quelqu'un est **"Break a leg"**.

Cette expression peut sembler cruelle, mais il s'agit en fait d'un véritable souhait de bonne chance. Elle est liée aux artistes de théâtre et à leur habitude de s'incliner plusieurs fois après une représentation jusqu'à ce qu'ils se cassent une jambe.

Imaginons que nous parlions d'un sujet que notre interlocuteur ne connaît pas ou n'est pas un expert, dans ce cas, en Angleterre, nous utilisons l'expression **"it's not my cup of tea"** pour bien faire comprendre que ce n'est pas un sujet dont on a connaissance.

Bien que cette expression signifie littéralement "pas ma tasse de thé".

De même, si vous vous trouvez dans un dialogue avec quelqu'un et que vous êtes entièrement d'accord avec ce qu'il dit, vous pouvez utiliser l'expression anglaise **"see eye to eye"** qui signifie littéralement "voir les yeux dans les yeux avec quelqu'un".

L'expression "aller au lit" est utilisée **"hit the sack"** ce qui signifie littéralement "se mettre au lit".

Il ne s'agit là que de quelques-unes des expressions les plus fréquemment utilisées en anglais, qui signifient littéralement une chose mais en ont en réalité une autre.

Je vous conseille de continuer à apprendre d'autres vocabulaires largement utilisés afin de pouvoir comprendre de plus en plus d'expressions idiomatiques et de parler couramment l'anglais.

Conclusion

J'espère vraiment que ce manuel vous a été utile, vous avez sûrement une idée plus claire de la langue anglaise, nous avons vu beaucoup de règles de grammaire, de vocabulaire et de situations réelles ensemble, maintenant continuez à pratiquer, à écouter et à converser, car ce n'est qu'ainsi que vous serez en mesure de l'assimiler pleinement.

Si vous avez trouvé ce manuel utile, je vous serais reconnaissant de laisser un commentaire positif sur Amazon.

Je vous en serais très reconnaissante, ce serait une grande satisfaction pour moi et cela stimulerait l'étude et la connaissance de cette langue, non seulement pour les jeunes apprenants, mais aussi pour les personnes plus âgées qui pensent qu'il est trop tard maintenant.

J'ai écrit ce livre avec beaucoup de dévouement et vos commentaires seraient une grande récompense pour mon travail.

Thank you so much my dear friend! Keep studying and never stop learning ;)

Peter J. Locke

Histoires en anglais pour débutants

Découvrez comment apprendre l'anglais de manière facile, amusante et courte à travers 10 histoires intrigantes + vocabulaire et traductions en italien.

Peter J. Locke

Introduction

Après l'excellent retour que j'ai reçu de ma précédente publication "LEARNING ENGLISH", le manuel complet où vous pouvez trouver des leçons de grammaire, des exercices pratiques, du vocabulaire et des exemples de situations de la vie réelle, j'ai décidé de produire ce livre pour proposer une autre approche très utile à l'apprentissage de l'anglais.

Apprendre à connaître la construction des phrases, les parties du discours, la grammaire, la structure des verbes, les adjectifs, etc. est certainement une méthodologie très utile pour apprendre l'anglais, mais une autre technique pratique et amusante consiste à apprendre autant de mots de vocabulaire que possible en lisant des histoires passionnantes et des contes intrigants. De nombreux garçons et filles me disent qu'ils ont eu de mauvaises expériences au cours de leur scolarité et qu'ils n'ont malheureusement pas pu apprendre l'anglais comme ils l'auraient souhaité.

Il s'agit d'un problème très courant chez les étudiants et, pour tenter de se familiariser à nouveau avec la langue anglaise, beaucoup d'entre eux se documentent sur Internet, se promènent sur le Web, regardent des vidéos, écoutent des chansons et ainsi de suite...

Ce sont certainement des techniques que je suggère également mais, malheureusement, elles ne suffisent pas.

Imaginez plutôt que vous puissiez apprendre l'anglais sans avoir à passer des heures et des heures à étudier des leçons ennuyeuses avec des méthodes dépassées ?

Avec ce manuel, j'aimerais vous offrir une nouvelle approche, simple, amusante, stimulante et surtout pratique pour apprendre la langue anglaise dans les plus brefs délais grâce à des histoires de toutes sortes (histoires réelles, fiction et fantaisie) et des histoires qui se terminent par une morale (ce que l'on appelle le "take-home message").

Grâce à la lecture de textes de différentes natures, avec des dialogues portant sur divers domaines, sujets et situations, vous pourrez apprendre des structures grammaticales, des expressions idiomatiques et, surtout, beaucoup de vocabulaire nouveau qui vous permettra d'apprendre l'anglais même si vous partez de zéro.

J'ai voulu faire ce livre spécialement pour les débutants et pour tous ceux qui veulent se rapprocher de cette merveilleuse langue.

Si vous n'avez jamais étudié l'anglais, ne vous inquiétez pas car à la fin de chaque histoire vous trouverez également la traduction italienne et le vocabulaire complet avec la traduction exacte des termes que vous rencontrerez.

Il est maintenant temps de commencer! Allons-y mon ami!

Souviens-toi:

"Apprendre (même une nouvelle langue) est un trésor qui suivra partout son propriétaire."

(Proverbe chinois)

Chapitre 1.

Pourquoi est-il important de lire des histoires pour apprendre une nouvelle langue?

Puisque la langue anglaise est aujourd'hui si importante dans le monde entier pour le travail, les relations et la communication, pourquoi ne pas mettre en place une nouvelle méthode d'étude en lisant des nouvelles intrigantes en anglais ?

Pour ceux qui partent de zéro, il est certainement plus pratique de commencer par lire des histoires courtes plutôt que de gros volumes avec des histoires sans fin.

Plus tard, lorsque vous aurez appris à lire et à comprendre des histoires courtes, vous serez également en mesure de lire des volumes plus importants.

En général, la lecture de nouvelles est beaucoup plus facile et agréable que la lecture de romans entiers, parce qu'elle peut se faire à n'importe quel moment de la journée et qu'en raison de leur brièveté, les nouvelles sont faciles à comprendre et à partager.

Il s'agit d'un type de lecture complètement différent de celui des romans et c'est précisément ce qui confère aux nouvelles un grand impact émotionnel, une facilité de compréhension et une grande densité de contenu.

Dans les histoires courtes, comme celles que vous trouverez dans ce livre, vous vous attachez davantage aux situations et vous êtes immédiatement immergé dans l'histoire.

Dans ce manuel, vous trouverez une série d'histoires courtes, réelles ou fictives, dont certaines ont une morale forte, qui vous permettront non seulement d'apprendre l'anglais et d'améliorer votre fluidité de lecture, mais aussi de transmettre des messages importants sur la vie.

Afin d'apprendre l'anglais de manière efficace grâce à ces histoires, je vous recommande d'essayer d'abord de comprendre le sens général de chacune d'entre elles en lisant les dialogues, en vous attardant sur les conversations, en les comparant à la traduction, puis en accordant plus d'attention à l'apprentissage des mots individuels, que vous utiliserez ensuite pour construire des phrases et commencer à communiquer avec d'autres personnes.

En apprenant à lire des textes en anglais, vous pourrez lire de nombreux autres livres très intéressants qui n'ont malheureusement pas été traduits en italien et vous pourrez également comprendre les dialogues de films et de séries télévisées en anglais.

Connaître une nouvelle langue comme l'anglais vous ouvrira les portes d'un nouvel univers à découvrir ; ne nous perdons pas en bavardages et commençons tout de suite avec la première histoire, *come on!!!*

Chapitre. 2

True Friendships

English

Jonathan was a very quiet 13 year old boy and he spent his days playing video games in front of the TV.

His favorite games were adventure and soccer.

Often the other boys, who lived in his own building, called him to play with them, saying: "Hey Jonathan, do you want to come and play with us in the park?"

Jonathan replied: "I can't, I'm playing video games".

Over time, the kids stopped inviting him to play with them at the park, because they knew he would surely refuse.

One day a new boy named Anthony came into the mansion, but he never went out because he thought the other boys teased him for his thick eyebrows and protruding teeth.

So he preferred to always be alone.

One day Jonathan realized that the other boys never asked Anthony to play with them and that he had no friends.

He then he thought that he had to help him and after a long time he left the house to play with the other boys.

Jonathan immediately became friends with Anthony and the two started playing together both video games but also at the park with all the other boys.

Anthony felt part of the group and was finally happy not to be alone anymore.

It is not known which of the two helped the other the most, if it was Jonathan who helped Anthony to integrate with the group or if it was Anthony who convinced Jonathan to leave the house.

But one thing is certain: "true friendships improve life"

Les vraies amitiés

Jonathan était un garçon de 13 ans très calme qui passait ses journées à jouer à des jeux vidéo devant la télévision.

Ses jeux préférés étaient les jeux d'aventure et le football.

Souvent, les autres garçons, qui vivaient dans le même immeuble que lui, l'appelaient pour qu'il joue avec eux en lui disant : "Hé Jonathan, tu veux venir jouer avec nous dans le parc ?

Jonathan répondait : "Je ne peux pas, je joue à des jeux vidéo".

Au fil du temps, les enfants ont cessé de l'inviter à jouer avec eux dans le parc, car ils savaient qu'il refuserait à coup sûr.

Un jour, un nouveau garçon est arrivé dans l'immeuble, Anthony, mais il ne sortait jamais parce qu'il pensait que les autres enfants se moquaient de lui à cause de ses sourcils épais et de ses dents proéminentes.

Il préférait donc rester seul tout le temps.

Un jour, Jonathan a remarqué que les autres enfants ne demandaient jamais à Anthony de jouer avec eux et qu'il n'avait pas d'amis.

Il s'est donc dit qu'il devait l'aider et, après un long moment, il a quitté la maison pour aller jouer avec les autres enfants.

Jonathan s'est immédiatement lié d'amitié avec Anthony et ils ont commencé à jouer ensemble à des jeux vidéo, mais aussi au parc avec tous les autres garçons.

Anthony s'est senti intégré au groupe et était enfin heureux de ne plus être seul.

On ne sait pas lequel des deux a le plus aidé l'autre, si c'est Jonathan qui a aidé Anthony à s'intégrer dans le groupe ou si c'est Anthony qui a convaincu Jonathan de quitter la maison.

Mais une chose est sûre : "les vraies amitiés rendent la vie meilleure".

Vocabulaire:

Quiet = Calme

Boy = garçon

Spent = dépensé

Favorite = préféré

Soccer = football

Park = parc

Because = Parce que

Refuse = Rejeté

Into = dans

Thought = Pensée

Teased him = L'a taquiné

Thick = Épais

Eyebrows = sourcils

Teeth = Dents

Other = Autres

With Them = Avec eux

Immediately = Immédiatement

Became = Devenu

Friends = Amis

Together = Ensemble

Other = Autres

Group = Groupe

House = Maison

Thing = Chose

True = vrai

Friendship = amitié
Improve = améliorer
Life = Vie

Chapitre. 3

The Detective James

In the city of New Orleans, a 26-year-old boy named James was walking quietly down the street, paying attention to all the details and observing all the details he encountered on the street.

Walking in fact he noticed a gentleman who apparently looked like a beggar and asked him: "You are not an ordinary beggar, maybe you are an undercover cop?"

and he replied, "How did you find out?"

James told him: "First of all the spots on your face are not real, you seem quite frustrated to be in this position and your beard is well groomed, you can't be a beggar".

At that point as James was leaving, the policeman called him and said, "by any chance you feel smart boy ?!"

James replied, "Absolutely not, but I just want to know what or who you are looking for?"

The detective replied: "I could not talk about it with you, but we are looking for a robber who in recent days has committed various thefts in this neighborhood".

James then replied: "I think it is that blonde woman who has just come out of the shop who is the robber, because both she and her husband are very agitated, they are walking fast, they are sweating, her sunglasses have fallen on the floor but her husband did not want to. that she would stop "...

The detective replied: are you sure? James nodded his head.

At that point the detective warned his colleague, they stopped the woman and discovered that she had just stolen a pair of shoes from the shop.

James was right, in fact the detectives discovered that she was the blonde woman who had committed the thefts of the last few days.

For subsequent investigations, the detectives contacted James, who was very happy to help resolve some cases.

One day the police officers, to thank him for his collaboration, organized a party in his honor and also entrusted him with other investigations.

Inspecteur James

Dans la ville de la Nouvelle-Orléans, un jeune homme de 26 ans, James, marchait tranquillement dans la rue, prêtant attention à tous les détails et observant tous les détails qu'il rencontrait dans la rue.

Alors qu'il marchait, il remarqua un homme qui ressemblait apparemment à un mendiant et lui demanda : "Vous n'êtes pas un mendiant ordinaire, peut-être êtes-vous un policier en civil ?".

et il lui a répondu : "Comment l'avez-vous découvert ?"

James lui a répondu : "tout d'abord, les taches sur votre visage ne sont pas réelles, vous avez l'air tout à fait frustré d'être dans cette position et votre barbe est bien entretenue, vous ne pouvez pas être un mendiant".

Alors que James s'apprêtait à partir, le policier l'a appelé et lui a dit : "Est-ce que par hasard vous vous sentez intelligent, mon garçon ?

James répond : "Non, pas du tout, mais j'aimerais savoir ce que vous cherchez ou qui vous cherchez".

Le détective lui répond : "Je ne peux pas vous parler de cela, mais nous sommes à la recherche d'un voleur qui a commis plusieurs cambriolages dans ce quartier au cours des derniers jours".

James a alors répondu : "Je pense que c'est cette femme blonde qui vient de quitter le magasin qui est le voleur, parce qu'elle et son mari sont très agités, ils marchent vite, ils transpirent, elle a laissé tomber ses lunettes de soleil par terre mais son mari ne voulait pas qu'elle s'arrête"....

Le détective a répondu : êtes-vous sûr ? James a hoché la tête.

Le détective alerte alors son collègue, ils arrêtent la femme et découvrent qu'elle vient de voler une paire de chaussures dans le magasin.

James avait raison, les inspecteurs ont en effet découvert que c'était la femme blonde qui avait commis les vols de ces derniers jours.

Pour la suite de l'enquête, les inspecteurs ont repris contact avec James, qui s'est montré très disposé à les aider à résoudre certaines affaires.

Un jour, les policiers, pour le remercier de sa coopération, ont organisé une fête en son honneur et lui ont confié d'autres enquêtes.

Vocabulaire

named = appelé

street = rue

encountered = a rencontré

beggar = mendiant

an undercover cop = un policier sous couverture

How did you find out? = comment l'avez-vous découvert ?

the spots = les taches

frustrated = frustré

beard = barbe

replied = répondu

I just want to know = je veux juste savoir

in recent days = ces derniers jours

thefts = vols

blonde woman = femme blonde

nodded his head = a hoché la tête

stopped = arrêté

stolen = volé

a pair of shoes = une paire de chaussures

shop = magasin

committed = engagé

very happy = très heureux

police officers = agence de police

party = fête

honor = honneur

CAP. 4

The Driving Test

English

My name is Jeremy and today I want to tell you a story that has forever changed my way of dealing with approaching challenges. But let me ask you a question: do you remember your first driving test?

It is a story that in some ways may seem comical now, but for me failing the driver's license test was such a big disappointment that felt like falling into a black hole.

From the age of 15 I started driving the car with my father in the wide spaces of my neighborhood, who taught me to use the clutch and the accelerator to start the car, he also taught me to reverse and park in spaces between two cars and I soon learned how to drive it.

Before starting to drive the car, he told me: "don't take your foot off the clutch quickly".

I practiced for three years before taking the final license test.

Finally at 18, I was delighted to have become a legal adult, to be able to take the license exam and finally drive the car before the beginning of summer.

The final driving test was scheduled for the end of May.

Two of my schoolmates who had passed it without problems even if they were not good at driving told me "don't worry, usually the practical driving license test is easier than the written test, you will surely pass it!"

Well! I decided not to do the practical tests on the road with the instructor and I only did the six guides mandatory.

That's how confident I was.

The final practical driving test day finally arrived: my mother accompanied me to the driving school and as soon as I entered they told me: "you can sit here and fill in the documents before starting the test".

Then came the examiner, a very strict woman who made me get into a white car.

That day I was very bold, I underestimated the difficulty of the test.

Since I have started the car the examiner had noticed it because I didn't put my hands in the on the wheel on the proper position and then I drove too fast in a street where there was a lot of traffic.

The examiner told me: "slow down; we are near a school where there are children".

From that moment on I began to get nervous and to lose focus.

In addition to these errors I made other more serious mistakes, for example my curve were too wide and the car go tinto the opposite lane. That was bad. After that, I did not stop at the stop sign because it was covered by a tree and I realized it too late. Damnit!

The examiner said, "okay, that's enough." He looked at me and continued: "You made too many careless mistakes and you are not yet ready to get your license, Jeremy. You will have to repeat the test after three months, at the end of July." "WHAT??? Bit I started…"

He held up his hand to interrupt me: "Sorry, that's it. It's better if you study the rules some more. See you in July". And he got out of the car.

My face felt hot with humiliation, both by the examiner but also by myself, I was so disappointed in my bold attitude that did not pay attention to trivial errors.

That day I walked home, because my grandmother lived near the driving school, and she asked me: "How did the test go?" and I replied annoyed "a disaster, I failed and I will have to retry the test in July".

To comfort me my grandmother replied: "Oh well, it went like that. Come on, guy … two months isn't the end of the world!"

I was also frustrated because I was the only one who didn't pass the test that day, while all the other guys, who stil didn't know how to drive well, managed to pass it without problems.

After a few weeks of being disappointed, I realized my mistakes, my wrong attitude, and started practicing with how-to guides every day.

In fact, then, on the second test, thanks to my commitment, perseverance and the lesson I had learned, I managed to pass the driving test with a new examiner respecting all the rules and road signs without making any mistakes.

The examiner held up the checklist with the high score he had given me and said, "Okay, you pass!" Now thinking about it almost makes me laugh …

However, thanks to that event, I learned two very important lessons for life:

1) Never underestimate the exams or situations being arrogant thinking you already know everything or are the best.

2) Don't break down after a failure, because thanks to failures you can improve and achieve what you want.

I want to end my story by sharing a motivational quote of Albert Einstein with you:

<u>*" Failure is Success in Progress "*</u>

L'examen de conduite

Je m'appelle Jeremy et aujourd'hui, je veux vous raconter une histoire qui a changé à jamais ma façon de relever les défis. Mais laissez-moi vous poser une question : vous souvenez-vous de votre premier examen de conduite ?

C'est une histoire qui peut sembler comique aujourd'hui, mais pour moi, échouer à l'examen du permis de conduire a été une telle déception que c'était comme tomber dans un trou noir.

Dès l'âge de 15 ans, j'ai commencé à conduire une voiture avec mon père dans les grands espaces de mon quartier. Il m'a appris à utiliser l'embrayage et l'accélérateur pour démarrer la voiture, il m'a aussi appris à faire marche arrière et à me garer dans l'espace entre deux voitures, et j'ai rapidement appris à la conduire.

Avant que je ne commence à conduire la voiture, il m'a dit : "Ne lève pas rapidement le pied de l'embrayage".

J'ai pratiqué pendant trois ans avant de passer l'examen final du permis.

Enfin, à l'âge de 18 ans, j'étais heureux d'avoir atteint ma majorité, de pouvoir passer mon permis et de conduire une voiture avant le début de l'été.

L'examen final du permis de conduire était prévu pour la fin du mois de mai.

Deux de mes camarades de classe qui l'avaient passé sans problème alors qu'ils n'étaient pas bons conducteurs m'ont dit : "Ne t'inquiète pas, en général l'épreuve pratique du permis de conduire est plus facile que l'épreuve écrite, tu la réussiras à coup sûr !

J'ai décidé de ne pas passer les examens pratiques avec l'instructeur et de ne faire que les six trajets obligatoires.

C'est dire si j'étais confiant.

Enfin, le dernier jour de l'examen pratique est arrivé : ma mère m'a conduit à l'auto-école et dès que je suis entré, on m'a dit : "Vous pouvez vous asseoir ici et remplir les papiers avant de commencer l'examen".

Puis l'examinatrice est arrivée, une femme très stricte qui m'a fait monter dans une voiture blanche.

J'étais très audacieux ce jour-là, j'ai sous-estimé la difficulté du test.

Dès que j'ai démarré la voiture, l'examinatrice a remarqué que je ne plaçais pas mes mains sur le volant dans la bonne position et que je roulais donc trop vite sur une route très fréquentée.

L'examinateur m'a dit : "Ralentissez, nous sommes près d'une école où il y a des enfants".

À partir de ce moment-là, j'ai commencé à devenir nerveux et à perdre ma concentration.

En plus de ces erreurs, j'ai commis d'autres fautes plus graves, par exemple mon virage était trop large et la voiture s'est retrouvée sur la voie opposée. C'était grave. Ensuite, je ne me suis pas arrêté au stop parce qu'il était recouvert par un arbre et je m'en suis rendu compte trop tard. C'est moche !

L'examinatrice a dit : "Très bien, ça suffit". Elle m'a regardé et a continué : "Vous avez fait trop d'erreurs graves et vous n'êtes pas encore prêt à obtenir votre permis, Jeremy. Tu devras repasser l'examen dans trois mois, fin juillet". "QUOI ??? Je viens de commencer..."

Il lève la main pour m'interrompre : "Désolé, ça suffit. Tu ferais mieux d'étudier un peu plus les règles. On se voit en juillet." Et elle est sortie de la voiture.

Mon visage était rouge d'humiliation, à la fois de la part de l'examinatrice et de moi-même, j'étais tellement déçue de ma démarche qu'elle n'ait pas prêté attention à des fautes insignifiantes.

Ce jour-là, je suis rentrée à la maison, car ma grand-mère habitait près de l'auto-école, et elle m'a demandé : "Comment s'est passé l'examen ?", ce à quoi j'ai répondu avec agacement : "un désastre, j'ai échoué et je devrai repasser l'examen en juillet".

Pour me consoler, ma grand-mère m'a répondu : "Peu importe, c'est comme ça que ça s'est passé". Allez, petit... deux mois, ce n'est pas la fin du monde !".

J'étais également frustré parce que j'étais le seul à ne pas avoir réussi l'examen ce jour-là, alors que tous les autres garçons, qui ne savaient toujours pas bien conduire, l'avaient passé sans problème.

Après quelques semaines de déception, je me suis rendu compte de mes erreurs, de ma mauvaise attitude et j'ai commencé à m'entraîner tous les jours avec les guides pratiques.

En fait, lors du deuxième examen, grâce à mon engagement, à ma persévérance et aux leçons que j'avais apprises, j'ai réussi à passer l'examen de conduite avec un nouvel examinateur en respectant toutes les règles et tous les panneaux de signalisation sans commettre d'erreur.

L'examinateur a levé la liste avec la note la plus élevée qu'il m'avait attribuée et m'a dit : "OK, tu as réussi !".

Maintenant que j'y pense, j'ai presque envie de rire....

Cependant, grâce à cet événement, j'ai appris deux leçons très importantes pour la vie :

1) Ne jamais sous-estimer les examens ou les situations en étant arrogant et en pensant que l'on sait déjà tout ou que l'on est le meilleur.

2) Ne pas se laisser abattre après un échec, car c'est grâce aux échecs que l'on peut s'améliorer et réaliser tout ce que l'on veut.

Je voudrais conclure mon histoire en partageant avec vous une citation motivante d'Albert Einstein :

"L'échec est un succès en progression" (traduction littérale).

Vocabulaire

to tell you = te dire
a story = une histoire
My way = ma façon
Question = question
comical = comique
the driver's license test = l'examen du permis de conduire
big disappointment = grande déception
falling into a black hole = tomber dans un trou noir
the car = la voiture
with my father = avec mon père
in the wide spaces = dans les grands espaces
neighborhood = quartier

the clutch = l'embrayage

the accelerator = l'accélérateur

taught me = il m'a appris

I soon learned = j'ai vite appris

how to drive = comment conduire

he told me = il m'a dit

I practiced = j'ai pratiqué

drive the car = conduire la voiture

before = avant

Summer = été

was scheduled = était prévu

schoolmates = camarades de classe

without problems = sans problèmes

don't worry = ne pas s'inquiéter

driving license test = examen du permis de conduire

instructor = l'instructeur

mandatory = obligatoire

my mother = ma mère

accompanied me = il m'a accompagné

I entered = je suis entré

you can sit = tu peux t'asseoir

very bold = très audacieux

I underestimated the difficulty = J'ai sous-estimé la difficulté

I didn't put my hands = je n'ai pas mis mes mains

proper position = position correcte

traffic = trafic

slow down = ralentir

other more serious mistakes = d'autres erreurs plus graves

it was covered = c'était couvert

that's enough = ça suffit

you are not yet ready = tu n'es pas encore prêt

repeat = ripetere

after three months = après trois mois

Sorry = Désolé

See you = A bientôt

in July = en juillet

my bold attitude = mon attitude audacieuse

grandmother = grand-mère

of the world = du monde

Frustrated = frustré

other guys = d'autres gars

without problems = sans problèmes

I realized my mistakes = J'ai réalisé mes erreurs

perseverance = persévérance

exams = examens

everything = tout

achieve = atteindre

Chapitre. 5

Ride the Wave

English

I think that in everyone's life, there are experiences that give us sensations that will change our attitude, our vision and perception of reality. Usually, these situations are totally unexpected.

After a period in my life when I could no longer find myself, I discovered kayaking, a sport that changed the way I see and deal with things.

But first, let me tell you my story.

My father spent his entire life teaching physical education, both in middle and high school. My dad is the one who passed on to me the passion for sport, physical activity and movement.

Thanks to him, I have always devoted part of my time to sport. I am sure that sport is a way of letting off steam, feeling good about ourself and it's also an activity that allows you to face everyday life more calmly and confidently.

Since I was a child, I have been swimming and practising athletics at the same time until, due to increasing school commitments, I gave up swimming to concentrate on athletics.

I trained three times a week for two hours and on weekends there were competitions.

It wasn't heavy for me, on the contrary, I was relieving the tensions of the day and I got on really well with my teammates and we had such fun. I had become strong, especially in the 200 metres, and I was ready to enter the competitive world in my category.

One day, however, when I went to an orthopaedist, he told me something terrible. At that moment I blinked, I couldn't believe what he was telling me. He found a problem in my back. That was not a serious problem, but it meant that I had to stop my sporting activities.

So, for a year and a half, I was advised to do corrective gymnastics to solve that problem… it was traumatic! I never saw the athletics track again, except from the bleachers.

My training now took place in a small gym. A corrective gymnastics session consisted of a few repetitive exercises with elastic bands and mats.

With me a few other people, aged 40 and over. All this made me lose enthusiasm: I no longer ran, I no longer felt the adrenaline of a race, I no longer saw myself with my teammates.

After that terrible year and a half, I tried again later to get back into athletics, but I couldn't find myself anymore, the atmosphere was different.

I tried three other different sports (a return to swimming, then volleyball and finally horse riding), but still failed emotionally. And to make matters worse, the pandemic.

Of course, my problem of not doing sport does not seem so serious, but it was a sad time and this sadness reverberated in school and non-school activities.

But one day, in the town where I live, in which the river flows, I saw an advertisement for a kayaking course. I had already had some experience with this sport as a child, but had never taken it seriously before.

Certainly, it's not a sport like many others: it's an extreme sport and it takes a certain amount of courage to practice it. After the first time in the current, I was so happy that I started sending messages to my friends telling them about the experience.

I also called my mother and after her "hello?" I started to say "Oh my God mum, tonight I absolutely have to tell you about my exploits!". I fell in love with kayaking and I have no intention of abandoning it.

For those not familiar with kayaking, which is a niche sport due to its characteristics, it consists of descending a water course in a specific boat.

In the kayak, you sit and your legs are caught in the lateral spaces, known as the "thigh presses". A paddle is used to move across the surface of the water.

This sounds simple, but it is not at all. In a way, kayaking is about challenging nature, trying to keep up with it and follow its course. There are many obstacles along the water course: rocks, rapids, sometimes logs, rock walls and high waves.

The night before the day I made my first descent of a torrent, I couldn't sleep from anxiety. Then, the moment of embarkation came by itself. The river run lasted two hours. But these two hours for me were like half an hour.

It was great and unforgettable: it was sunny, the water was clean, my super instructors always attentive and helpful... the only problem was that it was December, so it was very cold, and I capsized. It took five minutes to retrieve me, the kayak and the paddle and I was shivering with cold. Despite this, thanks to the support of my instructors, I continued. Even when approaching difficult passages, perhaps with a rock in the way or a high wave, I would get nervous.

But then, when I passed them, they weren't as bad as I thought. On the contrary, it was like getting a very strong adrenaline rush.

So, I think that taking up kayaking perhaps made me realise that the forced interruption of the sport I had been practising for years was not a limitation, but the start of new experiences.

Kayaking is teaching me a lot: it is practised in the middle of nature, but at the same time it is full of dangers and pitfalls... life is also full of stuff and difficulties, which we tend to dramatize or increase. If a wave seems big and dangerous to you, ride it, and only then will you discover that the wave was not so high, but rather allowed you to reach beyond, where the water is more beautiful and calmer.

Now, I would like to tackle everything with the same energy.

Surfer sur la vague

Je pense que dans la vie de chacun, il y a des expériences qui nous procurent des sensations qui changent notre attitude, notre vision et notre perception de la réalité. En général, ces situations sont totalement inattendues.

Après une période de ma vie où je ne me retrouvais plus, j'ai découvert le kayak, un sport qui a changé ma façon de voir et d'aborder les choses.

Mais d'abord, laissez-moi vous raconter mon histoire.

Mon père a passé toute sa vie à enseigner l'éducation physique, au collège et au lycée. C'est lui qui m'a transmis la passion du sport, de l'activité physique et du mouvement. Grâce à lui, j'ai toujours consacré une partie de mon temps au sport.

Je suis persuadée que le sport est un moyen de se défouler, de se sentir bien dans sa peau et c'est aussi une activité qui permet d'affronter le quotidien avec plus de sérénité et de confiance.

Depuis mon enfance, j'ai pratiqué la natation et l'athlétisme en même temps jusqu'à ce que, en raison de l'augmentation des obligations scolaires, j'arrête la natation pour me concentrer sur l'athlétisme. Je m'entraînais trois fois par semaine pendant deux heures et les week-ends, il y avait des compétitions.

Ce n'était pas lourd pour moi, au contraire, j'évacuais les tensions de la journée et je m'entendais très bien avec mes coéquipiers et nous nous sommes beaucoup amusés.

J'étais devenu fort, surtout au 200 mètres, et j'étais prêt à entrer dans le monde de la compétition dans ma catégorie.

Mais un jour, quand je suis allé voir un orthopédiste, il m'a dit quelque chose de terrible.

À ce moment-là, j'ai cligné des yeux, je n'arrivais pas à croire ce qu'il me disait.

Il avait trouvé un problème au niveau de mon dos. Ce n'était pas grave, mais cela signifiait que je devais arrêter mes activités sportives. Pendant un an et demi, on m'a donc conseillé de faire de la gymnastique corrective pour résoudre ce problème… c'était traumatisant ! Je n'ai plus jamais revu la piste d'athlétisme, sauf depuis les gradins. Mon entraînement se déroulait désormais dans un petit gymnase.

Une séance de gymnastique corrective consistait en quelques exercices répétitifs avec des élastiques et des tapis. J'étais accompagné de quelques autres personnes âgées de 40 ans et plus.

Tout cela m'a fait perdre mon enthousiasme : je ne courais plus, je ne ressentais plus la montée d'adrénaline d'une course, je ne voyais plus mes coéquipiers.

Après cette terrible année et demie, j'ai retenté l'athlétisme, mais je ne m'y retrouvais plus, l'ambiance était différente. J'ai essayé trois autres sports différents (un retour à la natation, puis le volley-ball et enfin l'équitation), mais j'ai encore échoué sur le plan émotionnel.

Et pour ne rien arranger, la pandémie. Bien sûr, mon problème de ne pas faire de sport ne semblait pas si grave, mais c'était une période triste et cette tristesse se répercutait dans les activités scolaires et au-delà.

Mais un jour, dans la ville où j'habite, là où coule la rivière, j'ai vu une publicité pour un cours de kayak. J'avais déjà pratiqué ce sport dans mon enfance, mais je ne l'avais jamais pris au sérieux.

Ce n'est certainement pas un sport comme les autres : c'est un sport extrême et il faut une certaine dose de courage pour le pratiquer. Après la première fois dans le courant, j'étais tellement heureuse que j'ai commencé à envoyer des messages à mes amis pour leur raconter mon expérience. J'ai même appelé ma mère et après son "hello ?", j'ai commencé à dire "Oh mon Dieu, maman ! j'ai commencé à dire : "Oh mon Dieu, maman, ce soir, il faut absolument que je te raconte mes exploits !

Je suis tombée amoureuse du kayak et je n'ai pas l'intention d'y renoncer.

Pour ceux qui ne connaissent pas le kayak, sport de niche en raison de ses caractéristiques, il consiste à descendre un cours d'eau dans une embarcation spéciale.

Dans le kayak, vous êtes assis et vos jambes sont coincées dans les espaces latéraux, appelés "presses à cuisses". Une pagaie permet de se déplacer à la surface de l'eau. Cela semble simple, mais ça ne l'est pas vraiment.

D'une certaine manière, faire du kayak, c'est défier la nature, essayer de la suivre et d'en suivre le cours. De nombreux obstacles jalonnent le parcours de l'eau : des rochers, des rapides, parfois des troncs d'arbre, des falaises et de hautes vagues.

La nuit précédant ma première descente d'un cours d'eau, je n'arrivais pas à dormir à cause de l'anxiété.

Puis, le moment de l'embarquement est venu tout seul. Le parcours fluvial a duré deux heures.

Mais ces deux heures étaient comme une demi-heure pour moi. C'était fantastique et inoubliable : il faisait beau, l'eau était propre, mes super instructeurs toujours attentifs et serviables... le seul problème, c'est qu'on était en décembre, donc il faisait très froid, et j'ai chaviré.

Il a fallu cinq minutes pour me récupérer, ainsi que le kayak et la pagaie, et je grelottais de froid. Malgré cela, grâce au soutien de mes instructeurs, j'ai continué.

Même lorsque je m'approchais de passages difficiles, peut-être avec un rocher sur le chemin ou une vague haute, j'étais nerveux. Mais lorsque je les passais, ils n'étaient pas aussi mauvais que je le pensais.

Au contraire, c'était comme une très forte poussée d'adrénaline.

Je pense donc que le fait de me mettre au kayak m'a peut-être fait comprendre que l'interruption forcée du sport que je pratiquais depuis des années n'était pas une limitation, mais le début de nouvelles expériences.

Le kayak m'apprend beaucoup de choses : il se pratique en pleine nature, mais en même temps il est plein de dangers et d'embûches... la vie est aussi pleine de choses et de difficultés, que nous avons tendance à dramatiser ou à augmenter.

Si une vague vous semble grosse et dangereuse, prenez-la, et alors seulement vous découvrirez que la vague n'était pas si haute, mais qu'elle vous a permis d'aller plus loin, là où l'eau est plus belle et plus calme.

Maintenant, je voudrais tout affronter avec la même énergie.

Vocabulaire

experiences = expériences

perception = perception

unexpected = inattendu

I discovered = j'ai découvert

kayaking = kayak

entire life = toute la vie

teaching = enseignement

physical activity = activité physique

feeling good = se sentir bien

Since I was a child = Depuis que je suis enfant

I trained = je m'entraînais

three times a week = trois fois par semaine

I was relieving = je soulageais

the tensions = les tensions

my teammates = mes coéquipiers

he told me = m'a-t-il dit

I blinked = J'ai cligné des yeux

lose = perdre

I tried again = J'ai réessayé

swimming = natation

volleyball = volley-ball

an advertisement = une publicité

courage = courage

I started sending messages = J'ai commencé à envoyer des messages

I fell in love = Je suis tombé amoureux

a water course = un cours d'eau

you sit = tu t'assois

I couldn't sleep = je n'ai pas pu dormir
adrenaline rush = montée d'adrénaline
perhaps = peut-être
in the middle = au milieu
of nature = de la nature
full of dangers = plein de dangers
everything = tout

Chapitre. 6

Pirates in Search of Treasure

In the Bahamas, more precisely in the city of Nassau, located on the island of New Providence, there was a boy named Oliver who worked in an inn.

Oliver and his father led a quiet life until one day the pirates arrived.

The pirates, led by Captain John, plundered the entire city including their inn and found the much sought-after treasure map that would show them the exact path to secure wealth and prosperity forever.

Sensing the scent coming from the inn's kitchen, the captain discovered Oliver and asked him: "brat, did you make this soup !?" and he, frightened, replied: "yes, if you want you can take it without any problem, but don't hurt me, I beseech you".

Captain John tasting some, was struck by the goodness and decided to join Oliver to the crew of his pirates as a cook on board.

Oliver immediately nodded saying: "that's fine for me, Mr. Captain!"

The crew set sail: "let's set sail now !!! Release the moorings and prepare the guns !!

Oliver was locked up in the hold of the ship and there he met a girl and asked her: "What are you doing here?" she the girl was called Mandy and replied: can't you see it?!! I wait for Captain John, as well as my grandfather, to set me free! "Is that your grandfather?" Oliver replied, that slimy stole our treasure map! Mandy, giving him a shove, said: "be careful how you talk about my grandfather!"

The discussion is interrupted until they hear a sailor shout: "Pirate ship to portoo !!

This is the crew Captain Blade, made up of 37 cursed pirates, who have learned of the treasure map.

The treasure was originally owned by Captain Blade, who however said to Captain John's crew: "Hello everyone, I don't intend to hinder you in your search for the treasure, on the contrary I give it to you, only if someone is willing to climb the stone of the treasure with the magic map and live forever as a cursed pirate, in this way my curse will be broken and I will be free again ".

The captain continued: "Whoever finds a volunteer will have the treasure."

Oliver was chosen by the captain as a volunteer to break the curse, but the young Mandy decided to help him escape the ship along with two other sailors, preparing a lifeboat and handing him the treasure map.

Oliver and the two sailors arrived by chance on the treasure island and thanks to the help of an island resident and once again of the beautiful Mandy, they managed to reach it before Captain John who fell victim to the curse and became a cursed pirate for always.

Love blossomed between Oliver and Mandy and together with Captain Blade, now free from the curse, they returned to celebrate in the inn in the company of all the other sailors.

Pirates à la recherche d'un trésor

Aux Bahamas, plus précisément dans la ville de Nassau, située sur l'île de New Providence, il y avait un garçon nommé Oliver qui travaillait dans une auberge.

Oliver et son père menaient une vie tranquille jusqu'au jour où des pirates sont arrivés.

Les pirates, menés par le capitaine John, pillèrent toute la ville, y compris l'auberge, et trouvèrent la carte au trésor tant convoitée qui leur indiquerait la route exacte vers la richesse et la prospérité éternelles.

Sentant l'odeur qui se dégageait de la cuisine de l'auberge, le capitaine découvrit Oliver et lui demanda : "sale gosse, c'est toi qui as fait cette soupe ?", ce à quoi il répondit craintivement : "oui, si tu veux, tu peux la prendre sans problème, mais ne me fais pas de mal, je t'en supplie".

Le capitaine John en goûta, fut impressionné par la qualité de la soupe et décida de demander à Oliver de rejoindre son équipage de pirates en tant que cuisinier du navire.

Oliver acquiesce immédiatement et dit : "Ça me va, Capitaine !".

L'équipage met les voiles : "mettons les voiles maintenant ! Larguez les amarres et préparez vos canons !

Oliver est enfermé dans la cale du bateau et y rencontre une fille à qui il demande : "Qu'est-ce que tu fais ici ?" La fille s'appelle Mandy et répond : "Tu ne le vois pas ? J'attends que le Capitaine John, mon grand-père, me libère ! "C'est ton grand-père ? répond Oliver, ce sale type a volé notre carte au trésor ! Mandy, en le bousculant, lui dit : "Fais attention à la façon dont tu parles de mon grand-père !".

La discussion est interrompue lorsqu'ils entendent un marin crier : "bateau pirate au port !

Il s'agit de l'équipage du capitaine Blade, composé de 37 pirates maudits, qui a découvert la carte au trésor.

À l'origine, le trésor appartenait au capitaine Blade, mais il a déclaré à l'équipage du capitaine John : "Bonjour à tous, je n'ai pas l'intention de vous empêcher de chercher le trésor, je vous le donne même, à condition que quelqu'un accepte de monter sur la pierre au trésor avec la carte magique et de vivre pour toujours comme un pirate maudit, de cette façon ma malédiction sera brisée et je serai à nouveau libre".

Le capitaine poursuit : "Celui qui trouvera un volontaire aura le trésor".

Oliver a été choisi par le capitaine comme volontaire pour briser la malédiction, mais la jeune Mandy a décidé de l'aider à s'échapper du navire avec deux autres marins, en préparant un canot de sauvetage et en lui remettant la carte au trésor.

Oliver et les deux marins sont arrivés fortuitement sur l'île au trésor et, grâce à l'aide d'un habitant de l'île et, une fois de plus, de la belle Mandy, ils ont réussi à l'atteindre avant le capitaine John, qui a été victime de la malédiction et est devenu un pirate maudit à jamais.

L'amour s'épanouit entre Oliver et Mandy, et avec le capitaine Blade, désormais libéré de la malédiction, ils retournent faire la fête à l'auberge en compagnie de tous les autres marins.

Vocabulaire

more precisely = plus précis

located = situé

inn = auberge

treasure map = carte au trésor

exact path = chemin exact

captain = capitaine

soup = soupe

don't hurt me = ne me faites pas de mal

to join = rejoindre

set sail = mettre les voiles

moorings = amarres

he met = il a rencontré

a girl = une fille

be careful = être prudent

search = recherche

is willing = est disposé

again = encore
was chosen = a été choisi
sailors = marins
curse = malédiction
Love blossomed = amour fleuri
to celebrate = à fêter

Chapter. 7

A Twist of Fate

English

This is about a chance meeting between Beth and James, that will change their lives forever, leading them to live unexpected emotions.

Beth is twenty years old, uninhibited and cheeky in her ways and James is about thirty years old and appears more introverted and methodical, very far from her spontaneous exuberance. But as in every best love story, the opposites attract. Isn't that right?

One night, they met casually in a bar. James sipped a beer and suddenly saw Beth dancing on the floor.

He fell madly in love with her from the first moment he saw her, but he was too shy to try an approach. And also he had another reason to decide not to know her. But we will find out this later. At some point, Beth went to get a drink and saw James. She leant toward the bartender and said: "Make that TWO beers".

She was easy-going, so she was not afraid to try an approach and she decided to speak to him, offering him the beer. Beth put the beer in front of James. Surprised, he said: "Do you buy beers for everyone you meet?". "Only to those who seem to be thirsty", said Beth. "Do I look thirsty?", said James. "You look like you need to drink", answered Beth. And they started to chat.

Then she went back dancing on the floor and she invited him to dance, but he stuttered, "Umm, no thanks" with his face turning red.

At the end of the night, Beth's car didn't work. James came out of the local in that moment... "Hey stranger, give me a ride back home. My car's broken", said Beth and she went into James's car. On the way home they got to know each other and they spent all night driving around the town talking. Suddenly, THUMP! James pulled the car over. "Damn! I think there's a hole in the tire" and he got out of the car to try to change it.

Beth got out of the car too and when James opened the trunk to take the spare wheel, she saw a suitcase. "Why do you have a suitcase in the trunk?", asked Beth. But James didn't answer. At first light, they arrived at Beth's house. "I'd like to see you tomorrow", said Beth. But James again didn't said a word.

He started to get strange with her because it was too hard for him to tell the truth and she didn't understand why he behaved that way. "What's going on on your mind, James? You look strange", asked Beth.

He didn't answered... he started to be confused and he didn't want to leave the town anymore because he realized that the girl he met is very special. But he also thought that staying for a someone you don't know he is totally insane.

But love is insane. Sneezed Beth got out the car and walked home. James followed her and said: "Please wait".

He looked at his shoes, unable to met Beth's eyes and said: "I need to tell you something... I'm about to leave". "To leave?", said Beth, "What do you mean?".

"I live in Australia, I work there", said James. "Are you kidding me? Why didn't you tell me before?", said Beth and they started to fight. "For all the night you told me lies.", said Beth. "I didn't tell you lies", said James. "You didn't tell me the truth. For this reason you have a suitcase in the trunk.

Now I understand. I have asked you and you didn't say a word. You didn't lie, but you left things out. It's the same for me. I'm done", said Beth and she turned around and marched back into her front door.

James's flight was only a few hours away, so he drove to the airport. While waiting for his flight, he found in the pocket of his jacket a bracelet on Beth's wrist. On the bracelet there was a small charm and on this charm was written "take a risk".

She had lost it when he had lent her the jacket because she was cold. Immediately James went back thinking about Beth and he left the airport to go back to her.

He knocked on her door and when she opened: "Oh! What are you doing here?", gasped Beth. "You lost this", said James and handed the bracelet back. "Thanks...", said Beth with a low voice. "And your flight?". "I think it made the same end as your bracelet, said James.

I've lost it". She smiles shyly and invited him to enter. James said: "I'm so sorry for not telling you about my departure. I didn't want to omit things, I was just scared of losing you. I know, it's insane, I know nothing about you. But it's how I feel". She kissed him and said: "You know, I've never seen a kangaroo, I always wanted to."

The take home message of the story shows the importance of communication and openness to avoid confusion and unnecessary conflict. It's always better to tell the truth, rather than omitting things; truth can fix things... on the contrary lies can only make things worse.

The one who loves you and cares for you will always finds a way to understand you, no matter how complicated the situation is. So never be afraid of telling the truth.
Be courageous and take a risk because you only have one life.

Une plaisanterie du destin

Il s'agit d'une rencontre fortuite entre Beth et James, qui changera leur vie à jamais, les amenant à vivre des émotions inattendues.

Beth a une vingtaine d'années, elle est désinhibée et effrontée, tandis que James a une trentaine d'années et semble plus introverti et méthodique, bien loin de son exubérance spontanée. Mais comme dans toutes les meilleures histoires d'amour, les opposés s'attirent. N'est-ce pas ?

Un soir, ils se sont rencontrés par hasard dans un bar. James sirote une bière et aperçoit soudain Beth en train de danser sur la piste.

Il tombe éperdument amoureux d'elle dès qu'il la voit, mais il est trop timide pour tenter une approche. Il avait aussi une autre raison de ne pas la rencontrer. Mais cela, nous le découvrirons plus tard. À un moment donné, Beth est allée boire un verre et a vu James. Elle s'est penchée vers le barman et lui a dit : "Deux bières".

Comme il était accommodant, il n'a pas eu peur de tenter une approche et a décidé de lui parler, en lui offrant une bière. Beth a posé la bière devant James. Surpris, il dit : "Vous offrez des bières à tous ceux que vous rencontrez ?". "Seulement à ceux qui ont l'air d'avoir soif", répond Beth. "J'ai l'air d'avoir soif ? dit James. "Vous avez l'air d'avoir besoin d'un verre", répond Beth. Et ils ont commencé à parler.

Puis elle est retournée sur la piste de danse et l'a invité à danser, mais il a balbutié "Umm, non merci", son visage devenant rouge.

À la fin de la soirée, la voiture de Beth ne fonctionnait plus. James est sorti du club à ce moment-là.... "Hé, étranger, ramène-moi chez moi. Ma voiture est en panne", dit Beth et monte dans la voiture de James. Sur le chemin du retour, ils se sont rencontrés et ont passé toute la nuit à rouler dans la ville en discutant. Soudain, THUMP ! James arrête la voiture. James arrête la voiture : "Bon sang ! Je crois qu'il y a un trou dans le pneu" et il sort de la voiture pour essayer de le changer. Beth sort également de la voiture et lorsque James ouvre le coffre pour prendre la roue de secours, il voit une valise. "Pourquoi as-tu une valise dans le coffre ?" a demandé Beth. Mais James n'a pas répondu. Aux premières lueurs de l'aube, ils arrivèrent à la maison de Beth. Je voudrais te voir demain", dit Beth. Mais une fois de plus, James ne dit pas un mot.

Il a commencé à devenir bizarre avec elle parce qu'il lui était trop difficile de dire la vérité et qu'elle ne comprenait pas pourquoi il agissait ainsi. "Qu'est-ce qui te tracasse, James ? Tu as l'air bizarre", demande Beth. Il n'a pas répondu... il commençait à être confus et ne voulait plus quitter la ville parce qu'il se rendait compte que la fille qu'il avait rencontrée était très spéciale.

Mais il pensait aussi qu'être avec quelqu'un qu'on ne connaît pas était complètement fou.

Mais l'amour, c'est fou. Beth éternue, sort de la voiture et rentre chez elle. James l'a suivie et lui a dit : "Attendez, s'il vous plaît." Il a baissé les yeux sur ses chaussures, incapable de croiser le regard de Beth, et a dit : "Je dois te dire quelque chose... Je pars." "Je pars ?" dit Beth, "Qu'est-ce que tu veux dire ?" "Je vis en Australie, je travaille là-bas", dit James. "Tu plaisantes ? Pourquoi tu ne me l'as pas dit plus tôt ?" dit Beth et ils commencent à se disputer. "Toute la nuit, tu m'as menti", a dit Beth. "Je ne t'ai pas menti", dit James. Tu ne m'as pas dit la vérité. C'est pour ça que tu as une valise dans le coffre. Je comprends maintenant.

Je t'ai demandé et tu n'as rien dit. Tu n'as pas menti, mais tu as laissé des choses de côté. C'est la même chose pour moi. J'en ai assez", dit Beth et elle se tourne vers la porte d'entrée.

Le vol de James n'était plus qu'à quelques heures, il se rendit donc à l'aéroport. En attendant son vol, il trouva dans la poche de sa veste un bracelet au poignet de Beth. Sur le bracelet, il y avait une petite breloque sur laquelle était écrit "take a risk" (prendre un risque).

Elle l'avait perdue lorsqu'il lui avait prêté sa veste parce qu'elle avait froid. Immédiatement, James se remit à penser à Beth et quitta l'aéroport pour retourner auprès d'elle.

Il frappa à sa porte et lorsqu'elle l'ouvrit, "Oh ! Qu'est-ce que tu fais ici ?" s'étonna Beth. Tu l'as perdu", dit James en lui rendant le bracelet. "Merci...", dit Beth à voix basse. "Et ton vol ?" "Je crois qu'il a suivi le même chemin que ton bracelet, dit James. Je l'ai perdu". Elle sourit timidement et l'invite à entrer. James dit : "Je suis vraiment désolé de ne pas t'avoir prévenu de mon départ.

Je n'avais pas l'intention d'omettre des choses, j'avais juste peur de te perdre. Je sais, c'est fou, je ne sais rien de toi. Mais c'est ce que je ressens. Elle l'embrasse et lui dit : "Tu sais, je n'ai jamais vu de kangourou, j'en ai toujours voulu un.

Le message à retenir de l'histoire montre l'importance de la communication et de l'ouverture pour éviter toute confusion et conflit inutiles. Il est toujours préférable de dire la vérité plutôt que d'omettre des choses ; la vérité peut arranger les choses... au contraire, les mensonges ne peuvent qu'empirer les choses.

Celui qui vous aime et prend soin de vous trouvera toujours un moyen de vous comprendre, quelle que soit la complexité de la situation. Alors n'ayez jamais peur de dire la vérité.

Soyez courageux et prenez des risques car vous n'avez qu'une seule vie.

Vocabulaire

About = À propos, il s'agit de

Between = entre

uninhibited = désinhibé

cheeky = effronté

methodical = méthodique

Love story = Histoire d'amour

One night = Une nuit

Dancing on the floor = Danser sur le sol

another reason = une autre raison

Later = après

Afraid = Peur

She decided = elle a décidé

Said = dit

Answered = Répondu

She went back dancing = Elle est retournée danser

to dance = danser

Hole = trou

Tire = caoutchouc

Strange = Étrange

But he also thought that = Mais il pensait aussi que

Insane = fou

Walked home = Il est rentré chez lui

I need to tell you something = j'ai besoin de te dire quelque chose

What do you mean? = Que veux-tu dire ?

I work there = je travaille là

She turned around = Elle s'est retournée

Bracelet = Bracelet

A small charm = Un petit charme

take a risk = prendre un risque

Depaeture = Départ

She kissed him = Elle l'a embrassé

Take home message = le message à retenir

can fix = peut réparer

things = les choses

One life = Une seule vie

Chapitre. 8

Music Saved My Life

English

About seven years ago, I started to feel a bit anxious, but I had no idea where it had come from, so I didn't look into it much, also because things like this in life just happen, and Anxiety doesn't usually explain itself in words like: "Hi, Mark. Do you think you're ready for me?" I 'm coming to stay with you, right?

That anxiety state would increase and get more and more, it was wrong not to pay attention to it until one day, when I was standing in a line at the post office, I started to sweat and be air hunger, I ran out.

I figured out that there was something seriously wrong. Questions like these began to recur every day:

"Are you ok Mark?"

"Why don't you go out anymore?"

"Did something bad happen?"

It was my mother and I always answered her the same way:

"Nothing, everything's fine"

I began to isolate myself, preferring to stay home on the weekends rather than go out with friends, I no longer went to the university to attend classes, and for a period I was unable to take even one exam.

My days went by listening to a lot of ambient music in my headphones just lying on my bed staring at the ceiling in silence. If I had to choose a color for that moment of my life, I would say:

this kind of GREEN, like the color of the ceiling that I looked at every single day.

My mother was getting more and more worried about me, she tried everything to cheer me up.

"Mark, I made the cake for the snack"

I ate two bites and said:

"I'm not very hungry" and left the table. Mom looked at my unfinished plate and just sighed deeply. My father, on the other hand, was there, keeping an eye on me but not showing me his concerns. Since he always believed in me, he probably thought I would successfully overcome that period and it would only make me stronger than before.

It was July when I decided to face and solve this situation, after a long period spent locked up without meeting anyone because I was in bad shape, I could hardly sleep at night. I started looking for a solid foothold, and to make it on my own. I thought of music. In a way, it was the only thing I really needed to not feel really lonely.

I remember as if it were yesterday, a muggy summer afternoon and my phone rang:

"Hey Mark, it's David! How's it going there? You are the DJ at my wedding the next month, remember?"

Damn, I totally forgot! I thought "Ok Mark, this is your chance to get back to your life".

In fact, I just couldn't back out - I was asked over a year before to put the records on for that special occasion.

So, I replied to David: "Uhm, Sure! I'm ready, I can't wait!"

In the next few days I felt pleased (for the first time in months) to start preparing the equipment and my DJ bags, selecting the best records from my collection: one of these was a famous 80's record by Indeep "Last night a DJ saved my life", simply one of my favorites, my workhorse.

I remember, though, that I started to feel a little bit of tension, I was afraid. It wasn't easy to be around people again and I had a certain responsibility, I had to entertain many people together with my friend and his wife, on the best day of their lives. The guests would naturally expect me to give a good performance, so I had to be the first to give a certain energy to a happy event.

While I was packing my equipment in the car for the reception, my dad came over to talk to me. This was a little unusual: he is a person who doesn't talk too much but when he does, he knows why and what he is saying. I will never forget that, he said:

"It's not your first time as a DJ, you're strong, come on, break a leg!"

David rented a huge villa for his wedding and a lot of super stylish guests were chatting and cheering the bride and groom. David and Mary were radient.

My DJ set was scheduled for the night by the pool where a free bar corner had been set up, so I grabbed a drink to ease the tension and started with the music.

Against all odds, my work was so appreciated that I was forced by the organizers to turn off the music, it was dawn!

I never thought I would be able to face such a situation, in front of all those people, having fun and feeling positive vibes again, after all that time.

I was booked for 3 more private events during that summer.

That night I got my life back on track, music saved my life, and yes, of course I played that Indeep record!

From that moment I realized that I would have made music not only a simple passion, I would have always put it in first place in my life, I would have done everything to make it occupy all my days, making it a real job.

La musique m'a sauvé la vie

Il y a environ sept ans, j'ai commencé à me sentir un peu anxieux, mais je ne savais pas d'où cela venait ; donc, je ne m'y suis pas autant concentré, également parce que des choses comme ça dans la vie arrivent tout simplement, et l'anxiété ne s'accompagne généralement pas de mots comme : « Salut, Mark. Penses-tu que tu es prêt pour moi ? Je viens rester avec toi, n'est-ce pas ?

Cet état d'anxiété a augmenté et est devenu plus grand, c'était une erreur de ne pas y prêter attention jusqu'au jour où, alors que je faisais la queue à la poste, j'ai commencé à transpirer et à avoir faim d'air, je me suis épuisé.

J'ai réalisé que quelque chose n'allait vraiment pas. Des questions comme celles-ci ont commencé à surgir chaque jour :

« Est-ce que ça va, Marc ?

"Pourquoi tu ne sors plus ?"

« Est-ce qu'il s'est passé quelque chose de grave ?

C'était ma mère et je lui répondais toujours de la même manière :

"Rien, tout va bien"

J'ai commencé à m'isoler, préférant rester à la maison le week-end plutôt que de sortir avec des amis, je n'allais plus à l'université pour suivre des cours et pendant un certain temps je ne pouvais même pas passer un examen.

Mes journées se passaient à écouter beaucoup de musique d'ambiance dans mes écouteurs, allongé sur mon lit, à regarder le plafond en silence. Si je devais choisir une couleur pour ce moment de ma vie, je dirais : cette sorte de VERT, comme la couleur du plafond que je regardais tous les jours. Ma mère s'inquiétait de plus en plus pour moi, faisait tout ce qu'elle pouvait pour me remonter le moral.

"Mark, j'ai fait le gâteau pour le goûter"

J'ai pris deux bouchées et j'ai dit :

"Je n'ai pas très faim" et quitta la table. Maman a regardé mon assiette inachevée et a soupiré profondément.

Mon père, cependant, était là, me surveillant mais ne me montrant pas ses inquiétudes. Comme il a toujours cru en moi, il pensait probablement que je réussirais à surmonter cette période et que cela ne ferait que me rendre plus fort qu'avant.

C'est en juillet que j'ai décidé d'affronter et de résoudre cette situation, après une longue période passée enfermé sans rencontrer personne parce que j'étais malade, je ne pouvais pas dormir la nuit. J'ai commencé à chercher un point d'ancrage solide et à y arriver par moi-même. J'ai pensé à la musique. D'une certaine manière, c'était la seule chose dont j'avais vraiment besoin pour ne pas me sentir vraiment seule.

Je me souviens comme si c'était hier, un après-midi d'été étouffant et mon téléphone a sonné :

"Hé Mark, c'est David ! Comment ça va ? Tu es le DJ de mon mariage le mois prochain, tu te souviens ?"

Merde, j'avais complètement oublié ça ! J'ai pensé "D'accord Mark, c'est ta chance de revenir à ta vie."

En fait, je ne pouvais pas reculer : plus d'un an plus tôt, on m'avait demandé de jouer les disques pour cette occasion spéciale.

Alors j'ai dit à David : "Euh, bien sûr ! Je suis prêt, j'ai hâte !"

Les jours suivants, j'étais heureux (pour la première fois depuis des mois) de commencer à préparer le matériel et mes sacs de DJ, en sélectionnant les meilleurs disques de ma collection : l'un d'eux était un célèbre disque des années 80 d'Indeep "Last Night A Dj Saved My Life", tout simplement un de mes préférés, mon cheval de bataille.

Je me souviens cependant que j'ai commencé à ressentir un peu de tension, j'avais peur. Ce n'était pas facile d'être à nouveau avec les gens et j'avais une certaine responsabilité, je devais divertir beaucoup de gens avec mon ami et sa femme, le plus beau jour de leur vie. Les invités attendaient naturellement de moi une bonne prestation ; je devais donc être le premier à donner un peu d'énergie à un événement aussi important.

Alors que je préparais mes affaires dans la voiture pour la réception, mon père est venu me parler. C'était un peu inhabituel : c'est quelqu'un qui parle peu mais quand il le fait, il sait pourquoi et ce qu'il dit. Je ne l'oublierai jamais, dit-il :

"C'est pas ta première fois en tant que DJ, tu es cool, allez, bonne chance !"

David a loué une immense villa pour son mariage et de nombreux invités très élégants discutaient et acclamaient les mariés. David et Mary étaient radieux.

Mon DJ set était prévu pour la soirée au bord de la piscine où un espace bar gratuit avait été aménagé ; alors, j'ai pris un verre pour apaiser la tension et j'ai commencé avec la musique.

Contre toute attente, mon travail a été tellement apprécié que j'ai été obligé par les organisateurs d'éteindre la musique, dès l'aube !

Je n'aurais jamais pensé que je serais capable d'affronter une situation comme celle-là, devant tous ces gens, de m'amuser et de ressentir à nouveau des ondes positives, après tout ce temps.

J'ai reçu des réservations pour 3 autres événements privés au cours de cet été.

Cette nuit-là, j'ai remis ma vie sur les rails, la musique m'a sauvé la vie, et oui bien sûr, j'ai joué ce disque d'Indeep !

A partir de ce moment j'ai compris que je ferais de la musique non seulement une simple passion, je la mettrais toujours en premier dans ma vie, je ferais tout pour qu'elle occupe toutes mes journées, en faisant un véritable métier.

Vocabulaire:

seven years ago = il y a sept ans

anxious = anxieux

I had no idea = je n'en avais aucune idée

increase = augmenter

to stay home = rester à la maison

I no longer went = je n'y suis plus allé

headphones = casque

If I had to choose = Si je devais choisir

Green = Vert

ceiling = plafond

I made the cake = j'ai fait le gâteau

I'm not very hungry = je n'ai pas très faim

he always believed in me = il a toujours cru en moi

overcome = surmonter

solid foothold = pied solide

a muggy summer afternoon = un après-midi d'été lourd

I totally forgot = j'ai complètement oublié

this is your chance = c'est ta chance

I just couldn't back out = Je ne pouvais tout simplement pas reculer

selecting = sélection

the best records = les meilleurs disques

It wasn't easy = Ce n'était pas facile

I had to entertain many people = J'ai dû divertir beaucoup de monde

good performance = bonne performance

you're strong = tu es fort

I grabbed a drink = j'ai pris un verre

music saved my life = la musique m'a sauvé la vie

not only simple passion = pas seulement une simple passion

real job = vrai travail

Chapitre. 9 Sometimes Intuition is Better

English

A few summers ago, on holiday on Bali Island, me and three of my friends, Jacob, Elena and Julia had decided to spend a day on a beach on the island a bit far from where we had the house, about 45 - 50 minutes.

We decided to stop there in the evening as well, for dinner.

After dinner, Jacob suggested, "Let's rent scooters to go home, instead of taking the bus, ok?"

Jacob and Elena would drive, and Julia and I would sit behind them as passengers.

Julia and I didn't agree on renting scooters, we thought it would be too risky.

Jacob and Elena, on the other hand, were very convinced about the idea.

After talking about it for a long time, Julia and I said okay and rented the scooters.

Julia would get on a scooter with Jacob as a passenger, and I with Elena.

Before getting on the scooter, I asked Elena "Are you SURE you are okay to drive? Have you ever driven a scooter with a passenger before ?".

She, very convinced, reassured me by telling me "Don't worry".

When Elena started driving, I, sitting behind her, didn't feel very safe. I saw that she was going very slowly. When she skidded a little, she said "oops!" That didn't make me feel better.

The sun had set, and the streets were dark and there were few street lamps.

We arrived on a very narrow, dark road with a large cliff next to it.

Elena started telling me with a trembling voice "Julia, I'm afraid, I don't feel safe, and I don't want to drive anymore".

I told her "We can't stop her, Elena! It's only twenty minutes to be home".

She started crying. Oh no! Now what?

I didn't feel like taking over; first, she weighed twice as much as me and I wasn't able to drive a scooter with that weight … I didn't want to take on that responsibility. Would you? (to your listeners)

So I began to reassure her by saying things like "Come on, It's all okay", "You're doing well!", "Look straight ahead and you'll see that we don't fall", "We are close to home!".

Inside me I thought "God please help us to go home safe and sound, I don't want to die on this Island".

But Elena began honking the horn to the other couple of friends who were on the scooter in front of us and waving them to stop.

We stopped in a space near the roadside where there were bushes.

Jacob got off the scooter red in the face, and started criticizing Elena, "You shouldn't drive if you haven't done it before, Why didn't you tell us?".

Elena tried to defend herself by saying that she didn't think it would be so hard and that she didn't expect to find the road completely dark.

The quarrel went on for a long time, and as often happens in these cases, when an argument starts about something, then there are many other reasons pop up to continue arguing.

At that moment the only thing I wanted was to go home, take a shower and go to sleep.

I absolutely did not want to intervene in the fight, also because inside I was thinking "Obviously taking the bus was better, as I said".

The quarrel continued and Julia also got into the quarrel by taking Jacob's defense.

Elena, who expected me to support her, turned to me and she asked me: "What do you think? I'm right... right? ".

I did not want to say what I was thinking so as not to allow the fight to continue, I looked at her, and I began to say: "Well, Elena could not imagine that the road would be so steep...".

But inside me I thought "But of course she knew, we did it this morning with the bus".

As we stood there, we heard a noise in the leaves of the plants near us.

We turned around and there was a wild boar right in front of us – dark, hairy, with an ugly face

We shut up and froze.

Terrified and with shaking legs we didn't know what to do, the wild boar started walking near to us, and not one of us dared to take a step. Or even breathe.

It was the longest five minutes of my life.

We stood still while the boar walked around us and our scooters.

Finally the wild boar, very calmly, crossed the road and left.

No one wanted to quarrel anymore.

Without wasting any more time, we got back on our scooters, and full of fear, we came back home.

I can say that I love my friends very much and I can always count on them.

Today when we remember this story, we laugh about it, but I can say that I trusted them a lot during that vacation, and I will probably continue to trust them, following my intuition would have been better.

Take Home Message: *Trusting is good, but sometimes, your intuition is better.*

Parfois, l'intuition est meilleure

Il y a quelques étés, en vacances sur l'île de Bali, moi et trois de mes amis Jacob, Elena et Julia avions décidé de passer une journée sur une plage de l'île un peu loin de l'endroit où nous avions la maison, environ 45 - 50 minutes.

Nous avons décidé de nous arrêter également le soir pour dîner.

Après le dîner, Jacob a suggéré : « Louons des scooters pour rentrer à la maison au lieu de prendre le bus, d'accord ?

Jacob et Elena conduisaient, et Julia et moi étions assis derrière eux en tant que passagers.

Julia et moi n'étions pas d'accord sur la location du scooter, nous pensions que ce serait trop risqué.

Jacob et Elena, en revanche, étaient très convaincus de cette idée.

Après en avoir longuement discuté, Julia et moi avons dit ok et avons loué les scooters.

Julia montait sur un scooter avec Jacob comme passager et moi avec Elena.

Avant de monter sur le scooter, j'ai demandé à Elena : « Es-tu SÛRE de savoir bien conduire ? Avez-vous déjà conduit un scooter avec un passager auparavant ? »

Elle, très convaincue, m'a rassuré en me disant "Ne t'inquiète pas".

Quand Elena a commencé à conduire, moi, assis derrière elle, je ne me sentais pas très en sécurité.

J'ai vu que ça avançait très lentement. Quand il a dérapé un peu, il a dit « oups ! Cela ne m'a pas aidé à me sentir mieux.

Le soleil s'était couché, les rues étaient sombres et il y avait peu de lampadaires.

Nous sommes arrivés sur une route très étroite et sombre avec une grande falaise à côté.

Elena a commencé à me dire d'une voix tremblante « Julia, j'ai peur, je ne me sens pas en sécurité et je ne veux plus conduire ».

Je lui ai dit : « Nous ne pouvons pas l'arrêter, Elena ! Il ne reste que vingt minutes pour rentrer à la maison. »

Il a commencé à pleurer. Oh non! Et maintenant?

Je n'avais pas envie de prendre la relève ; avant, il pesait deux fois plus que moi et je ne pouvais pas conduire un scooter avec ce poids... Je ne voulais pas assumer cette responsabilité. Voudriez-vous? (à vos auditeurs)

J'ai donc commencé à la rassurer en lui disant des choses comme « Allez, c'est bon », « Tu vas bien ! », « Regarde droit et tu verras qu'on ne tombe pas », « On est près de chez nous ! ».

À l'intérieur, je pensais "Dieu, s'il te plaît, aide-nous à rentrer chez nous sains et saufs, je ne veux pas mourir sur cette île".

Mais Elena a commencé à klaxonner les autres couples d'amis qui étaient sur le scooter devant nous et à leur faire signe de s'arrêter.

Nous nous sommes arrêtés dans un espace proche du bord de la route où il y avait quelques buissons.

Jacob est descendu du scooter au visage rouge et a commencé à critiquer Elena : « Tu ne devrais pas conduire si tu ne l'as jamais fait auparavant, pourquoi ne nous l'as-tu pas dit ?

Elena essaya de se défendre en disant qu'elle ne pensait pas que ce serait si difficile et qu'elle ne s'attendait pas à trouver la route complètement sombre.

La dispute a duré longtemps et, comme cela arrive souvent dans ces cas-là, lorsqu'une dispute commence à propos de quelque chose, de nombreuses autres raisons surgissent pour continuer à discuter.

À ce moment-là, la seule chose que je voulais, c'était rentrer chez moi, prendre une douche et dormir.

Je ne voulais absolument pas intervenir dans la bagarre, aussi parce qu'à l'intérieur je pensais "Évidemment, il aurait été préférable de prendre le bus, comme je l'ai dit".

La dispute a continué et Julia est également entrée dans la dispute en prenant la défense de Jacob.

Elena, qui s'attendait à ce que je la soutienne, s'est tournée vers moi et m'a demandé : « Qu'en penses-tu ? Ai-je raison... n'est-ce pas ?

Je ne voulais pas dire ce que je pensais pour ne pas laisser le combat continuer, je l'ai regardée et j'ai commencé à dire : "Eh bien, Elena ne pouvait pas imaginer que la route serait si raide...".

Mais intérieurement, je pensais "Bien sûr qu'elle le savait, nous l'avons fait ce matin dans le bus".

Pendant que nous y étions, nous avons entendu un bruit dans les feuilles des plantes près de chez nous.

Nous nous sommes retournés et il y avait un sanglier juste devant nous : brun, poilu, avec une gueule moche

Nous sommes restés silencieux et figés.

Terrifié et les jambes tremblantes, nous ne savions pas quoi faire, le sanglier s'est mis à marcher près de nous, et aucun de nous n'a osé faire un pas. Ou même respirer.

Ce furent les cinq minutes les plus longues de ma vie.

Nous sommes restés immobiles pendant que le sanglier tournait autour de nous et de nos scooters.

Finalement le sanglier, très calmement, traversa la route et partit.

Plus personne ne voulait discuter.

Sans perdre plus de temps, nous avons remonté nos scooters et plein de peur nous sommes rentrés chez nous.

Je peux dire que j'aime beaucoup mes amis et que je peux toujours compter sur eux.

Aujourd'hui, quand on se souvient de cette histoire, on en rit, mais je peux dire que je leur ai beaucoup fait confiance pendant ces vacances, et je continuerai probablement à leur faire confiance, mais si j'avais suivi mon intuition, cela aurait été mieux.

Message à retenir : la confiance est une bonne chose, mais parfois votre intuition est meilleure.

Vocabulaire

holiday = vacances

dinner = dîner

suggested = suggéré

Let's rent scooters = Louons des scooters

passengers = passagers

on the other hand = d'un autre côté

slowly = lentement

The sun had set = Le soleil s'était couché

narrow = étroit

large cliff = grande falaise

I'm afraid = j'ai peur

She started crying = Elle a commencé à pleurer

she weighed = elle pesait

roadside = bord de la route

bushes = buissons

tried to defend = essayé de défendre

argument = argument

reasons = raisons

shower = douche

taking the bus = prendre le bus

she asked me = elle m'a demandé

What do you think? = Qu'en penses-tu ?

crossed = croisé

the road = la route

we came back home = nous sommes rentrés à la maison

probably = probablement

Chapitre. 10

Little Lies… BIG PROBLEMS!

It all started on a quiet Saturday night when my friend Alice and I decided to go dancing in a disco club.

That same evening we came up with a foolproof plan: to tell Alice's parents that she would be sleeping at my house and my parents that I would be sleeping at her house, so we could stay out all night.

Unlike Alice, I had turned 18 – a legal adult - and for this reason Alice's father asked me to take care of his daughter for which I had full responsibility. I replied "of course, nothing will happen". But this sentence was the beginning of the end.

Once we met our friends, Daniel and Simon, in front of the club, we encountered our first problems.

At that moment, because of the long queue at the entrance, we discovered that it was a private event and that a written invitation was needed to enter. And of course we didn't have one.

We start arguing among ourselves, blaming each other for not having informed us well about it: "Why didn't you tell us?" – "It wasn't my idea but yours!".

After a first moment of discouragement, by total chance, I glimpse beyond the barriers of the entrance Alex, an old friend of mine who I discover was an employee of the club. So I immediately signaled to get his attention: "Hey Alex! Can you get some invitations for us to get in?" – "Sure, wait there". Five minutes later, he passed them to us and we went to stand in the queue.

But after more than an hour, we were in front of the bodyguard who asked for our IDs. Panic. My friend Alice was still underage.

Thinking to be smart, Alice started to change the date of birth on her ID but obviously the bodyguard notices the trick and sends Alice away. We couldn't believe all that bad luck and with our tails between our legs, we decided to change club.

Once we arrived at Club House, we forget what had happened before and danced, screamed at the songs and enjoyed ourselves. Hours passed, and it was now dawn. At the exit of the club, a group of drunken young men began to argue.

We didn't even have time to realise that Alice was somehow caught in the middle of the argument, suddenly SBAM! A punch in the face! She fell to the ground traumatised. Oh my god! She might have really hurt herself.

We took her to the car to give her first aid and keep her warm. Given the situation, I said: "Alice I'm going to call your family" – "Oh no, please!". She begged me not to and reminds me of the words her father said to me: "you have full responsibility for my daughter".

I decide not to call anyone. Do you want to know why? Her father is a policeman. No kidding.

As if all this wasn't enough, I realised that I no longer had my new jacket with me. I run towards the entrance of the club, but it was closed.

At a certain point my nerves gave out and I burst into tears, I was scared and incredulous for everything I was going through, I was deeply sorry for what had happened to my friend Alice and I felt guilty because I should have been more responsible.

Her father trusted me and I had let him down.

In that condition Alice couldn't go back to her house, but neither could she go back to mine, since, because of our initial lie, we were sleeping soundly at home for our parents.

We decided to go to the only place near our house that was open early in the morning, warm and with the possibility of eating. Once there, Alice had just recovered but not completely, so we naively thought "Oh let's just stay here until you feel better."

That's when her phone rang: "Alice, where are you? Aren't you at Federica's house? I'm coming to pick you up RIGHT NOW!". I accompanied Alice to the bathroom and helped her to rinse her face with cold water.

At that moment she made a strange and rather stupid request, that was to give her a hard slap in the face to recover completely. "Are you crazy? Wasn't that punch you got in the face before enough?"

Out of the street, we met her mum. After a night like the one we had just had, we were exhausted. We decided to tell Alice's mum the whole truth, and she didn't say a word, she decided not to scold us, as she understood the state of unease and discomfort we were in.

We went back to Alice's house, by then it was lunchtime, but we fell asleep on the bed.

I'll let you imagine what happened when I got back home... Well, that's a different story!

Take home message: always tell the truth instead of more white lies.

Petits mensonges... GROS PROBLÈMES !

Tout a commencé un samedi soir tranquille lorsque mon amie Alice et moi avons décidé d'aller danser dans une discothèque.

Le soir même, nous avons élaboré un plan infaillible : dire aux parents d'Alice qu'elle dormirait chez moi et à mes parents que je dormirais chez elle, pour que nous puissions rester dehors toute la nuit.

Contrairement à Alice, j'avais 18 ans – j'étais adulte – et c'est pour cette raison que le père d'Alice m'a demandé de m'occuper de sa fille dont j'avais l'entière responsabilité. J'ai répondu "bien sûr, il ne se passera rien". Mais cette phrase était le début de la fin.

Une fois que nous avons rencontré nos amis Daniel et Simon devant la salle, nous avons rencontré nos premiers problèmes.

À ce moment-là, en raison de la longue file d'attente à l'entrée, nous avons découvert qu'il s'agissait d'un événement privé et qu'il fallait une invitation écrite pour entrer. Et bien sûr, nous n'en avions pas.

Nous commençons à nous disputer, nous reprochant de ne pas bien nous avoir informés : « Pourquoi ne nous l'avez-vous pas dit ? – « Ce n'était pas mon idée mais la vôtre ! ».

Après un premier moment de découragement, par pur hasard, j'aperçois à travers les barrières de l'entrée Alex, un vieil ami dont je découvre qu'il était un employé du club. Alors j'ai immédiatement fait signe d'attirer son attention : « Hé Alex ! Pouvez-vous avoir des invitations pour nous laisser entrer ? » – « Bien sûr, attendez là. » Cinq minutes plus tard, il nous les a remises et nous sommes allés rejoindre la file d'attente.

Mais après plus d'une heure, nous nous retrouvons devant le garde du corps qui nous demande nos papiers. Panique. Mon amie Alice était encore mineure. Pensant qu'elle est intelligente, Alice a commencé à changer la date de naissance sur sa carte d'identité mais visiblement le garde du corps remarque l'astuce et renvoie Alice. Nous ne pouvions pas croire à toute cette malchance et, la queue entre les jambes, nous avons décidé de changer d'équipe.

Une fois arrivés au Club House, nous avons oublié ce qui s'était passé auparavant et nous avons dansé, crié sur les chansons et nous sommes amusés. Les heures passèrent et c'était maintenant l'aube. Alors qu'ils quittaient le club, un groupe de jeunes ivres a commencé à se disputer.

Nous n'avons même pas eu le temps de réaliser qu'Alice était en quelque sorte prise au milieu de la dispute, du coup SBAM ! Un coup de poing au visage ! Elle est tombée au sol, traumatisée. OH MON DIEU! Elle aurait pu être vraiment blessée.

Nous l'avons emmenée dans la voiture pour lui prodiguer les premiers soins et la garder au chaud. Compte tenu de la situation, j'ai dit : « Alice, je vais appeler ta famille » – « Oh non, s'il te plaît ! ». Elle m'a supplié de ne pas le faire et me rappelle les mots que son père m'a dit : "tu as l'entière responsabilité de ma fille".

Je décide de n'appeler personne. Voulez-vous savoir pourquoi? Son père est policier. Sans blague. Comme si tout cela ne suffisait pas, j'ai réalisé que je n'avais plus ma nouvelle veste avec moi. J'ai couru vers l'entrée du club, mais celui-ci était fermé.

À un moment donné, mes nerfs ont lâché et j'ai fondu en larmes, j'avais peur et j'étais incrédule face à tout ce que je vivais, j'étais profondément désolé pour ce qui était arrivé à mon amie Alice et je me sentais coupable parce que j'aurais dû être plus responsable.

Son père me faisait confiance et je l'avais laissé tomber.

Dans ces conditions, Alice ne pouvait pas retourner chez elle, mais elle ne pouvait pas non plus retourner chez moi, car, à cause de notre premier mensonge, nous dormions profondément dans la maison de nos parents.

Nous avons décidé d'aller au seul endroit près de chez nous qui était ouvert tôt le matin, chaleureux et avec possibilité de manger. Une fois sur place, Alice venait juste de récupérer mais pas complètement, alors nous avons naïvement pensé "Oh, restons ici jusqu'à ce que tu te sentes mieux".

C'est alors que son téléphone a sonné : "Alice, où es-tu ? N'es-tu pas chez Federica ? Je viens te chercher MAINTENANT !". J'ai accompagné Alice à la salle de bain et je l'ai aidée à se rincer le visage à l'eau froide.

A ce moment-là, il lui fit une demande étrange et assez stupide, celle de lui donner une forte gifle pour qu'elle se remette complètement. "Es-tu fou ? Ce coup de poing que tu as reçu au visage n'est-il pas assez tôt ?"

Sur la route, nous avons rencontré sa mère. Après une nuit comme celle que nous venons de passer, nous étions épuisés. Nous avons décidé de dire toute la vérité à la mère d'Alice, et elle n'a pas dit un mot, elle a décidé de ne pas nous faire de reproches, car elle comprenait l'état d'inconfort et de mal-être dans lequel nous étions.

Nous sommes retournés chez Alice, c'était maintenant l'heure du déjeuner, mais nous nous sommes endormis dans le lit. Je vous laisse imaginer ce qui s'est passé en rentrant à la maison... eh bien, c'est une autre histoire !

Moralité : dites toujours la vérité plutôt que de petits mensonges.

Vocabulaire:

Saturday = samedi

foolproof = infaillible

full responsibility = pleine responsabilité

sentence = phrase

beginning of the end = le début de la fin

long queue = longue file d'attente

an old friend = un vieil ami

some invitations = quelques invitations

wait there = attends là

the trick = le truc

we forget = on oublie

danced = dansé

policeman = policier

I had let him down = je l'avais laissé tomber

initial lie = mensonge initial

near our house = près de notre maison

the whole truth = toute la vérité

not to scold us = ne pas réessayer

lunchtime = heure du déjeuner

I got back home = je suis rentré à la maison

Chapitre. 11

Your Worth is Forever (Motivational Story)

This last story is inspirational, it is a motivational story and I have decided to put it at the end of this book so that you can realize your true value despite the difficulties that you will face while learning a new language such as English or any other situation in life.

One day during a conference an excellent speaker during his speech, holding a € 100 banknote, asked the audience who was listening attentively: "who wants 100 €?"

Everyone raised their hand.

He then continued saying: "Now I'll do something and then let's see which of you still wants the banknote", I threw it on the ground, stepped on it, crumpled it up and asked: "Who still wants it?"

Everyone raised their hand again.

Then he replied:

"Have you seen?! I have just shown you a very important lesson that is valid for your life.

Even though I crumpled and threw the money on the ground, you still wanted it because its value remained equal to € 100.

Take Home Message: In the same way, during life unpleasant events can happen to us, which throw us down, difficult situations in which we feel useless, weak and not up to par but the lesson I want to convey to you with this short story is that it does not matter what happened to you in past or what will happen to you in the future, what you need to remember is that you never lose your worth. "Each of us is special, remember that".

Votre valeur est éternelle

Cette dernière histoire est inspirante, c'est une histoire de motivation et j'ai décidé de la mettre à la fin de ce livre afin que vous puissiez réaliser votre vraie valeur malgré les difficultés qui surgiront lors de l'apprentissage d'une nouvelle langue comme l'anglais ou de toute autre situation dans votre vie.

Un jour lors d'une conférence un grand orateur lors de son discours, tenant un billet de 100€, demanda au public qui l'écoutait attentivement : "lequel d'entre vous veut 100€ ?"

Tout le monde a levé la main.

Il a ensuite poursuivi en disant : "Maintenant, je vais faire quelque chose et ensuite nous verrons lequel d'entre vous veut encore le billet", il l'a jeté par terre, l'a piétiné, froissé et a demandé : "Qui le veut encore ?"

Tout le monde leva à nouveau la main.

Puis il répondit :

"Avez-vous vu?! Je viens de vous montrer une leçon très importante qui s'applique à votre vie.

"Même si j'avais froissé et jeté le billet par terre, vous les vouliez toujours car leur valeur restait la même que 100 euros."

Moralité : De la même manière, des événements désagréables peuvent nous arriver au cours de la vie et nous déprimer, des situations difficiles dans lesquelles nous nous sentons inutiles, faibles et pas à la hauteur mais peu importe ce qui vous est arrivé dans le passé ou ce qui vous arrivera. à l'avenir, ce dont vous devez vous rappeler, c'est que vous ne perdrez jamais votre valeur. "Chacun de nous est spécial, souviens-toi de ça."

Vocabulaire

inspirational = inspirant

at the end = à la fin

true value = vraie valeur

despite = malgré

that you will face = à quoi tu feras face

language = langue

holding = tenir

audiance = public

stepped on it = j'ai marché dessus

Have you seen?! = Tu as vu ?!

is valid = est valide

you still wanted it = tu les voulais toujours

remained = resté

Conclusion

J'espère que ces histoires vous ont été utiles pour apprendre du nouveau vocabulaire anglais, des structures linguistiques, des conversations et des expressions idiomatiques anglaises.

Il s'agit d'un autre type d'approche plus pratique qui peut être combinée avec l'étude traditionnelle de la grammaire pour apprendre l'anglais de manière permanente.

Je crois aussi qu'il est toujours agréable de lire et de se divertir avec des histoires intrigantes avec un message final et une morale.

Je suis sûr que ce recueil d'histoires courtes vous a servi à pratiquer la lecture, la compréhension et l'apprentissage de l'anglais... Si vous avez aimé ce livre, je vous serais très reconnaissant de laisser une critique positive sur Amazon afin que d'autres personnes puissent entreprendre l'étude. de cette merveilleuse langue à travers les histoires présentes dans ce volume.

Ce serait ma plus grande satisfaction et la meilleure récompense pour tout le dévouement et la passion avec lesquels j'y suis parvenu.

Ne vous arrêtez pas là, continuez à étudier, lire, écouter, converser et pratiquer l'anglais, ce qui sera potentiellement utile à toutes les occasions de la vie.

Never stop learning!!!
Good luck with your study, see you soon my dear friend!

www.waystospeak.com

Notes

Vous pouvez utiliser cette section dédiée aux notes pour écrire à la main les nouveaux mots que vous acquérez, vous pouvez également noter leur traduction à côté d'eux. Transcrire les nouveaux termes que vous rencontrez vous aidera à les mémoriser et à accélérer l'apprentissage.

NEW MOTS	**TRADUCTION**

Printed in Poland
by Amazon Fulfillment
Poland Sp. z o.o., Wrocław